MON CAHIER IKIGAI

ANNE-SOPHIE LEVESQUE-BRIANCEAU

ILLUSTRATIONS
MADEMOISELLE ÈVE (INTÉRIEUR)
ISABELLE MAROGER (COUVERTURE)

SOLAR EDITIONS

SOMMAIRE

Introduction

Et si, chaque matin, vous aviez une super raison de vous lever de « bonheur », boostée par la journée qui arrive ? Imaginez : vous êtes pressée de sortir de la couette pour vivre toutes les belles aventures qui vous attendent. Pourtant, vous n'allez pas prendre un avion pour un voyage de rêve à Bali, ni vous marier avec le prince Harry ! Non, votre raison de vous lever est beaucoup plus profonde : vous vous sentez en harmonie, sereine et confiante. Pourquoi ? Parce que vous avez trouvé votre place, votre moteur, votre mission, votre petite boussole intérieure… Bref, comme disent les Japonais d'Okinawa, vous avez trouvé votre… ikigai. Et là, bingo, quand vous cultivez cet ikigai, vous vous sentez enfin alignée et cet état d'esprit va imprégner tous les domaines de notre vie. Trouver le job de ses rêves ? Easy, quand on sait parfaitement ce pour quoi on est faite et qu'on détient la clé pour débloquer notre potentiel. Prendre les bonnes décisions et s'y tenir ? Facile, quand on a identifié ce qui nous tient vraiment à cœur et pourquoi on fait les choses ! Mener une vie passionnante et enthousiasmante ? C'est bien plus simple quand tout fait sens et qu'on a identifié ce qui nous rend (vraiment) joyeuse et satisfaite.

« Et il y a une méthode pour me sentir à ce point épanouie et bien dans mes sneakers ? » Oui ! Grâce aux cercles de l'ikigai, vous allez découvrir comment (et pourquoi !) faire le lien entre ce que vous aimez (ce qui vous procure de la joie), ce pour quoi vous êtes douée (ce qui vous rend fière de vous), ce pour quoi vous pouvez être payée (ce qui vous apporte la sécurité) et les besoins du monde actuel (ce qui a un sens). Le but ? Vous mettre sur la piste de votre passion, votre mission, votre vocation et votre profession, bref découvrir ce pour quoi vous êtes faite et, mieux encore, ce pour quoi vous êtes là (eh oui, sur Terre, carrément !). « Yeaaaaaah ! », me direz-vous… « Mais si je n'ai pas d'ikigai, moi, comment je fais, c'est la lose ? » Breaking news : on a TOUTES un ikigai ! Et sa quête commence par une plongée en nous-même en mode introspection pour le débusquer.

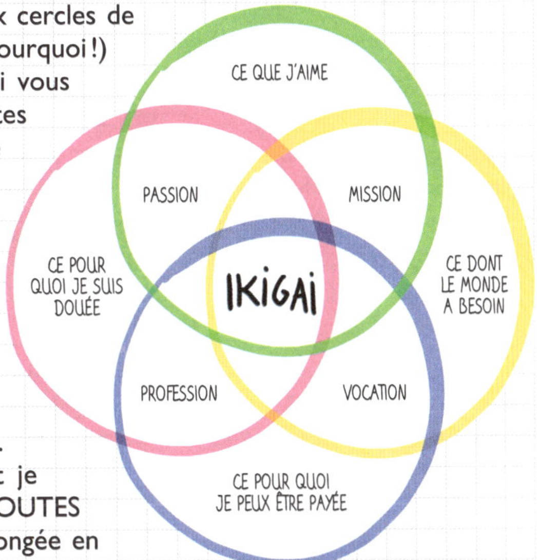

Allez hop, prête à le rechercher ? C'est parti !

Test : Quelle iki-girl êtes-vous ?

Où en êtes-vous dans votre recherche d'ikigai ? Avant de vous embarquer dans cette grande quête, faites le point grâce à ce test pour découvrir le chemin qu'il vous reste encore à parcourir.

Petite, quand on vous demandait ce que vous vouliez faire plus grande, vous répondiez…

▲ Libraire… nan policière… nan princesse… (« bon, en vrai je ne sais pas, mais tout a l'air bien sympa ! »).

■ Comme maman (ou papa).

★ Chirurgienne cardiaque (ou toute autre profession déjà bien définie).

Dans votre fil Instagram, il y a une influenceuse canon qui fait encore trempette dans la piscine à débordement d'un hôtel de luxe…

★ « Trop belle, cette photo, ça fait rêver ! » Vous notez le nom de l'hôtel et sa marque de maillot de bain.

▲ Vous la plaignez (un peu) et vous bitchez (beaucoup). « Elle ne doit pas profiter du moment si elle passe son temps à se faire prendre en photo. Quoique, ça doit être sympa quand même, une fois la story terminée… »

■ Aaah, si seulement vous aviez osé créer votre blog beauté il y a 5 ans, vous seriez peut-être à sa place à l'heure qu'il est.

Resto entre copines. La discussion prend une tournure politique, très engagée, et vous n'êtes pas super d'accord avec ce qui se raconte…

▲ Vous écoutez attentivement et essayez de comprendre le point de vue des copines, prête à changer d'avis sur la question si besoin.

■ Vous ne vous en mêlez surtout pas et essayez de détourner la conversation en faisant des blagues ou en remplissant les verres. « Qui re-veut de la sangria ? »

★ Vous osez exprimer une nuance, voire carrément un avis opposé sur la question, au risque de devoir vous justifier jusqu'à la fin du repas (ou des temps !)…

Quel « cadeau » pourrait améliorer grandement votre vie, là maintenant ?

■ Plus de confiance et d'ambition.

★ Plus de temps et de productivité.

▲ Plus de clarté et de concentration.

Pour vous, se faire plaisir, c'est…

- ■ Faire une virée shopping ou manger un mi-cuit au chocolat.
- ▲ Aller vous balader sans but ou assister à une conférence passionnante.
- ★ Méditer ou prendre un bon bain.

Vous apprenez qu'une collègue ne vous apprécie pas du tout…

- ▲ Vous allez la voir pour lui parler, la sonder et essayer de lui prouver qu'elle a tort : vous êtes une fille géniale (non ?).
- ★ Bah, pas grave ! On ne peut pas plaire à tout le monde.
- ■ « Oh là là ! C'est sûr, ça doit être à cause de ce que j'ai dit en réu la dernière fois… » Vous vous sentez un peu nulle rien que d'y repenser.

« Et toi, tu fais quoi dans la vie ? »

- ▲ Cette question vous insupporte parce que vous savez qu'on veut encore vous définir par votre job ou vos études, et vous trouvez ça hyper réducteur.
- ■ Ça vous effraie : vous n'assumez pas vraiment ce que vous faites et en plus il va falloir soit le cacher, soit l'avouer, soit l'expliquer…
- ★ Ça vous enthousiasme, vous adorez parler de votre projet du moment et écouter ceux des autres.

Faites vos comptes !

■	★	▲

Vous avez une majorité de ▲ : *Vous êtes en ikigalère !*

Hyper curieuse, vous êtes aussi de nature joyeuse et enthousiaste. Tout vous intéresse et vous inspire. Vous avez envie de tout tester, tout vivre. Des voyages à faire, des tas de livres à lire, des formations à suivre… vous n'aurez jamais le temps de tout faire mais vous avez bien envie d'essayer ! Côté pro, vous vous ennuyez vite dans un boulot et remettez souvent tout en question. Vous vous verriez bien développeuse web, graphiste, CEO de votre boîte, maraîchère ou prof de yoga, ça dépend des jours. Vous n'avez pas de passion identifiée mais des envies à la pelle car vos sources de joie sont multiples.

Cette curiosité est votre force et pourrait même être votre moteur. Mais alors, pourquoi cette impression d'être un peu en « ikigalère » ? Parce que vous ne savez pas vraiment où vous allez. Toutes ces envies peuvent parfois vous donner un peu le tournis. Vous agissez et c'est top, mais vous n'avez pas encore bien identifié pourquoi vous faites tout ça et ça vous rend parfois un peu fébrile.
Votre ikigai ? Aucune idée ! Vous ne sauriez pas trop le définir, là comme ça, tant votre petite boussole intérieure s'affole et pointe un peu dans toutes les directions. Tout au long de ce cahier, vous allez apprendre à gagner en clarté et à tirer le fil de cette curiosité pour mieux vous connaître et découvrir les points communs de vos sources de joie. Mais aussi à prendre les bonnes décisions de vie en accord avec vous-même et avec les autres et à aller jusqu'au bout des choses. Vous pourrez toujours continuer à aller de découvertes en découvertes, parce que c'est ce qui vous plaît, mais vous le ferez avec votre ikigai comme fil rouge et ça, ça change tout !

Vous avez une majorité de ■ : *Vous faites de l'ikigâchis !*

Votre ikigai, tout comme votre potentiel, ne demande qu'à se déployer. Au fond de vous, elle est là, cette petite flamme de l'ikigai, elle vous réchauffe et crépite timidement mais… vous ne l'autorisez pas vraiment à briller ! Pourquoi ? Parce que vous ne vous en sentez peut-être pas capable (« Ce n'est pas pour moi »), parce que le terme « mission de vie » vous impressionne beaucoup trop : « Wow, qu'est-ce que je pourrais bien apporter au monde, moi ? C'est chaud comme question ! »
Votre modestie frise le manque de confiance en vous, qui ne serait pas loin de vous mener parfois à l'auto-sabotage. Vous vous laissez brider par votre petite voix intérieure, laquelle vous chuchote souvent des croyances limitantes assez pénibles (« Laisse tomber, ça ne sert à rien, tu ne vas pas y arriver »). Ou bien, vous avez une petite tendance à croire l'herbe plus verte ailleurs : vous vous comparez souvent aux autres et à ce jeu-là, vous êtes rarement gagnante (du moins, dans

votre tête) ! Le discours rabat-joie d'une partie de votre entourage (auquel vous accordez beaucoup d'importance) n'aide pas non plus : « Ce n'est pas la peine d'essayer, c'est bien connu, ça ne marchera jamais… »
Et si vous osiez être vous ? Vraiment vous. Sans peur de l'inconnu, du changement, de l'échec, du regard des autres, bref, sans limites ? Allez, oust, la modestie ! Testez un peu l'auto-félicitation pour changer : débusquez vos qualités, vos talents, osez révéler vos passions et vos valeurs au grand jour, d'abord à vous-même, puis au monde. Dans ce cahier, apprenez à dégommer les freins intérieurs (et extérieurs) qui vous empêchent de déployer votre plein potentiel et de mener la vie qui vous va !

Vous avez une majorité de ★ : *Vous êtes une ikigagnante !*

Bravo ! Vous êtes la grande ikigagnante de ce test ! Vous avez bien avancé sans le savoir sur le chemin de votre ikigai. Petite, vous saviez d'ailleurs déjà ce que vous vouliez faire plus tard et vous avez toujours eu une personnalité bien affirmée. Vous avez des objectifs de vie et vous vous donnez les moyens de les poursuivre. Vous avez aussi récolté de nombreux indices en route et vous savez ce qui vous fait vraiment du bien. Bref, vous prenez soin de cultiver votre bien-être au quotidien et fuyez les bad vibes : personne ne vous tirera vers le bas, surtout pas vous ! Vous avez identifié certaines de vos passions et savez à peu près où vous voulez aller. Cool, la moitié du chemin est fait, mais il vous reste à connecter cette somme de petits plaisirs à quelque chose de plus grand pour bien définir votre ikigai. Penser à vous, c'est top et c'est même indispensable, mais ne penser qu'à votre bien-être personnel peut vous éloigner de l'essentiel : partager cette joie de vivre avec les autres et en faire une vraie « raison d'être ». Vous avez trouvé vos sources de joie et vos qualités, mais comment les transformer en mission de vie, les utiliser au maximum pour rendre le monde meilleur ? Dans ce cahier, apprenez à relier joie, bien-être, plaisir, sens et partage pour un meilleur équilibre de vie…

Chapitre 1

Iki… quoi?

Un mot japonais au sens profond et poétique, une philosophie millénaire, un outil puissant pour découvrir ce pour quoi on est faite, l'un des secrets du lifestyle des habitants d'Okinawa… L'ikigai, c'est un peu tout ça à la fois, mais c'est surtout une quête personnelle qui a pour but de nous faire découvrir en chemin qui nous sommes vraiment, dans la joie et la bonne humeur.

Un joli mot à tiroirs

Comme beaucoup de mots japonais, l'ikigai est assez complexe à traduire car son sens est multiple. Pour simplifier, on peut dire que *iki* veut dire «vie» et *gai*, «ce qui a de la valeur» : littéralement «ce qui fait que la vie vaut la peine d'être vécue». C'est aussi un mix parfait entre les expressions françaises «joie de vivre» et «raison d'être». L'ikigai contient donc en lui l'idée de vivre une vie joyeuse, mais aussi de la consacrer à quelque chose de plus grand que nous pour s'épanouir vraiment. En bref? Joie + sens = ikigai!

Une philosophie du bonheur à la japonaise

La philosophie de vie millénaire de l'ikigai nous invite à cultiver au quotidien ce qui nous enthousiasme, ce qui nous motive, ce qui nous met en joie, nous pousse à nous lever le matin, ce pour quoi on fait les choses, et à savourer le bonheur de faire ce pour quoi on est faite… Elle vise le dépassement et l'accomplissement de soi : tout un programme!

L'autre secret du lifestyle des habitants d'Okinawa

La notion d'ikigai est apparue pour la première fois au XIVe siècle à Okinawa, un archipel d'îles japonaises bordé d'un lagon bleu turquoise, où il fait (toujours) bon vivre. L'ikigai est d'ailleurs l'autre secret (avec le fameux régime Okinawa) du bonheur et de la super forme des habitants de l'île. Okinawa est connue pour battre des records en nombre de centenaires encore fringants et épanouis. Pourquoi ? Parce qu'ils prennent soin de cultiver leur ikigai tout au long de leur vie. Et si ça leur réussit, pourquoi pas à nous ?

Un outil puissant pour mieux se connaître et booster son potentiel

Pour trouver son ikigai perso, il existe une méthode, celle des cercles de l'ikigai. L'idée ? Là, on n'est plus sur la notion abstraite et philosophique de l'ikigai, on cherche à découvrir hyper concrètement ce pour quoi on est faite en s'interrogeant sur ce qu'on aime, ce pour quoi on est douée, ce pour quoi on peut être payée et ce dont le monde a besoin. Le but ? Débusquer en chemin notre passion, notre mission, notre vocation et notre profession, et au cœur de tout ça : notre ikigai. Il pourra prendre plusieurs formes (une idée, un mot (clé) ou plusieurs, une devise, un mantra, un fil rouge…) avec toujours l'idée de révéler en filigrane notre mission de vie (ok, l'expression peut paraître un peu prétentieuse ou un poil intimidante, mais il s'agit juste de découvrir ce qui nous anime et ce pour quoi on est faite : c'est tout, mais c'est déjà beaucoup !).

Une quête personnelle

On a toutes en nous un ikigai qui ne demande qu'à se révéler mais il arrive qu'on oublie de s'en préoccuper et qu'on perde un temps précieux en passant à côté. Votre ikigai est unique, intime, personnel : vous n'avez pas le même que votre BFF. La première étape pour le découvrir ? Apprendre à repérer et à insuffler encore plus de joie et de sens à votre quotidien. Ça vous tente ? Allez, on vous dévoile la philosophie et le lifestyle qui se cachent derrière l'ikigai.

L'ikigai, c'est cultiver sa joie de vivre !

On cherche toutes à être heureuses, bien dans nos sneakers et épanouies. Ça tombe bien, l'ikigai nous promet la joie de vivre… et bien plus encore ! Ça vous paraît simple ? Il suffit de se faire plaisir, de prendre du bon temps, pensez-vous ? Oui, mais non : la notion de joie de vivre au cœur de l'ikigai est plus profonde que ça. Et le plaisir, le bonheur ou la joie, ce n'est pas tout à fait pareil ! Il y a un monde entre le plaisir que procure une virée shopping et la satisfaction de savoir qu'on fait ce pour quoi on est faite.

Joie, plaisir ou bonheur ?

Le plaisir est une émotion liée à la satisfaction d'un besoin, d'un désir. On peut complètement décider de « se faire plaisir », de « prendre du plaisir » : on peut même se caler des petits plaisirs à l'avance dans son agenda : « Mardi 15 h : massage balinais à l'institut Chouchou ». À l'inverse, impossible de caler un moment de joie dans son Bullet Journal® : « Jeudi 16 h, je saute de joie en apprenant une bonne nouvelle ! »

Le bonheur, contrairement à la joie ou au plaisir, n'est pas une émotion, c'est « un état de pleine satisfaction » (*dixit* le dico) qui peut être durable, voire permanent. Bonheur et joie ne sont pas forcément indissociables : on peut tout à fait être heureuse, sans être joyeuse. On peut par exemple trouver le bonheur dans la sérénité, la modération, la simple absence de soucis. Attention, on fait la différence entre le bonheur profond, durable, que l'on puise en nous (qui est au cœur de notre ikigai) et celui, plus vide de sens et éphémère, qui vient de l'extérieur (richesses, possessions, succès, gloire).

La joie, comme le plaisir, est une émotion, mais beaucoup plus puissante, plus profonde, plus intense. La joie ne se décide pas, elle nous tombe dessus, d'où l'expression : « Ça me met en joie. » On danse de joie, on saute de joie : la joie est exubérante, elle nous habite entièrement, le corps comme l'esprit. Joyeuse, on se sent pleinement vivante.

Pour résumer, le bonheur est durable, le plaisir est fugace et la joie est… un peu entre les deux…

Mais si la joie provoquée par des événements extérieurs nous prend souvent par surprise et est éphémère, la joie de vivre, celle qui est au cœur de l'ikigai, n'est pas subie et peut s'inscrire dans la durée. Cette joie-là, qui nous fait aimer la vie, pleinement, sans raison apparente, vient de nous. On peut d'ailleurs apprendre à la cultiver en adoptant un état d'esprit, des comportements et des attitudes qui la favorisent. Ça tombe bien, on vous dévoile lesquels dès maintenant.

Je repère les moments de joie dans ma vie et je les note ici…

Quelle est la dernière fois que j'ai ri de bon cœur ?

....

Quelle est la dernière fois que j'ai sauté (ou même pleuré) de joie ?

....

Quel genre de journée me donne envie de me lever le matin de bonne humeur et me rendrait vraiment joyeuse ? Je décris ma journée idéale.

....

....

Je trouve mon flow !

Le flow, le concept clé de l'ikigai

Quand on expérimente le flow, il y a des chances qu'on soit pile au cœur de deux cercles essentiels de l'ikigai : « ce qu'on aime » et « ce pour quoi on est douée ». Les moments de flow sont donc hyper importants pour débusquer son ikigai. Pourquoi ? Parce que c'est un indice, un signe, ou carrément une méga loupiotte rouge en mode warning qui clignote et qui vous crie : « Hey ! Ça y est, là, c'est bon : tu es sur la bonne voie, tu fais ce que tu aimes, c'est pour ça que tu es faite, continue ! » Apprendre à repérer nos moments de flow, voire à les (re)créer est donc capital pour nous mettre sur la piste de nos passions, et même de notre vocation.

Le flow, quèsaco ?

Ça ne vous dit peut-être rien, mais vous l'avez sûrement déjà expérimenté au moins une fois dans votre vie. C'est un état (second) qui pourrait se résumer ainsi : un parfait mix entre l'excitation, la joie, l'enthousiasme et la concentration, le contrôle.

Quand on est dans le flow (certains disent aussi dans la « zone »), on se sent bien, pleinement vivante et on ne voit pas le temps passer. On effectue notre tâche avec beaucoup de plaisir, de facilité, de spontanéité, tout en restant hyper concentrée. Le résultat ? Une joie pure qui peut parfois flirter avec l'extase. Les créatifs, les sportifs et les passionnés de tous poils se retrouvent souvent dans le flow, mais toute personne peut le ressentir, il suffit d'apprendre à le repérer. Pas besoin de courir un marathon, composer une musique, écrire un roman ou des lignes de code de génie pour le vivre. Juste de vous plonger corps et âme dans quelque chose que vous aimez vraiment.

Les 7 conditions pour être dans le flow

Mihály Csíkszentmihályi (on parie que vous n'avez pas lu son nom en entier !), spécialiste de la psychologie positive à l'origine du concept, a identifié les 7 conditions qui permettent d'établir qu'on est en état de flow…

1. **On est complètement impliquée dans ce qu'on est en train de faire :** super concentrée ! Rien ne peut nous détourner de notre tâche, pas même la faim, le bruit ou Ryan Gosling torse nu qui passerait par là.
2. **On éprouve un sentiment de joie intense** à la limite de l'extase avec une sensation d'être un peu hors de la réalité. Si quelqu'un passe par là (pas Ryan Gosling), il pourrait croire qu'on a avalé un cintre ou penser qu'on irradie de l'intérieur (on exagère à peine).

3 **Tout est hyper clair,** on sait exactement ce qu'on a à faire et, en plus, on le fait bien : c'est une évidence.

4 **Tout paraît super simple :** l'activité qu'on est en train de faire matche parfaitement avec nos capacités, nos qualités, nos talents : c'est totalement à notre portée. Attention, ça ne veut pas dire que la tâche en soi est simple pour n'importe qui (on ne serait pas aussi fière et enthousiaste si tout le monde pouvait le faire).

5 **On est hyper sereine :** plus de soucis, plus de prise de tête, on laisse notre ego de côté.

6 **On ne voit plus le temps passer!** C'est souvent à ça qu'on reconnaît le flow *a posteriori* : on a passé 3 heures à bosser sur cette tâche et on a l'impression que ça fait à peine un quart d'heure : on continuerait bien encore!

7 On **est ultra motivée!** Et pas par la gloire, l'argent ou la reconnaissance, mais juste par le fait de réaliser cette tâche et d'y arriver : c'est notre seule récompense et ça suffit à nous rendre satisfaite et joyeuse.

Je repère dès maintenant les moments de flow dans ma vie. Ils en disent long sur mes passions et sont une excellente piste à creuser pour trouver mon ikigai.

....

....

....

Je note ici la dernière fois que je me suis retrouvée en état de flow. Que faisais-je, qu'ai-je ressenti?

....

....

....

Je ne gaspille plus le moment présent

L'ikigai, on le vit à chaque instant, au présent, pas en rêve dans un futur fantasmé où tout serait à sa place…

Stop à la procrastination de notre bonheur!

Et si on choisissait d'être heureuse là, maintenant, au moment présent et pas plus tard quand on aura gagné au Loto ou quand toutes les planètes seront alignées? Et si on arrêtait d'attendre d'avoir trouvé le bon job, le bon mec, la bonne maison ou d'avoir atteint le bon poids…?

Gaspiller l'instant présent en attendant des jours meilleurs entame notre joie de vivre et donc nous éloigne de notre ikigai. Pourquoi? Parce que le présent est la seule chose qui existe. Ce futur idéal qu'on fantasme n'existe pas encore et le passé qu'on idéalise ou sur lequel on rumine n'existe plus. La bonne nouvelle, c'est qu'on a le pouvoir de décider d'être heureuse ici et maintenant, avec ce qu'on a, et c'est même essentiel dans la recherche de notre ikigai.

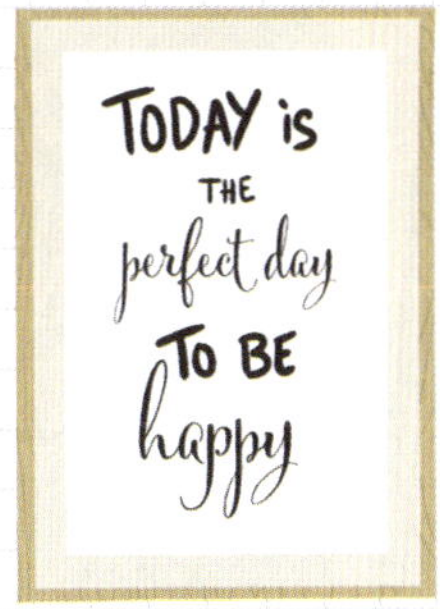

Continuer à rêver ou planifier? On peut se demander si être toujours dans le moment présent n'est pas incompatible avec le fait de faire des projections et donc de planifier nos objectifs de vie? Et puis, accepter ce qu'on a déjà, c'est un coup à stagner, ça, non? Eh bien, non! S'ancrer dans le présent n'empêche pas de planifier notre avenir, bien au contraire. Il y a une différence entre planifier son futur et passer son temps à le rêver et l'idéaliser.

Le bonheur, c'est maintenant!

L'idée? On ne dénigre pas notre présent au profit d'un avenir fantasmé et on veille à ne pas planifier cet avenir en pensant qu'il va combler tous nos manques et nous rendre (enfin) heureuse. C'est un leurre, car qu'est-ce qui nous dit qu'au moment où on aura réalisé ces objectifs censés nous rendre heureuse, on pourra savourer ce bonheur dans ce qui sera alors notre moment présent? (Vous suivez, hé hé?) Si on pense sans cesse à la prochaine étape, on peut facilement oublier de se réjouir sur le moment, et ainsi de suite. Alors que si on décide d'être déjà heureuse maintenant de ce que le présent nous offre, sans se dire que notre «vraie vie», en accord avec notre ikigai, va commencer plus tard, c'est gagné! Allez, fini d'attendre que toutes les conditions soient réunies. Un rêve, des envies? Hop, on met en place des actions aujourd'hui pour aller vers ce but : pas la peine d'attendre d'avoir terminé ce cahier et trouvé son ikigai.

Je passe bientôt à l'action

Ça vous dit de noter ici, là tout de suite, les 3 actions que vous souhaitez enclencher depuis un moment et que vous avez trop longtemps repoussées, en attendant le moment idéal? Vous verrez, une fois que vous les aurez couchées sur le papier, votre esprit sera libéré et vous vous sentirez prête à agir.

Les actions importantes que j'envisage :

1. ....

   ....

2. ....

   ....

3. ....

   ....

J'adopte la stoïque attitude

L'ikigai est en nous, il ne dépend pas de conditions extérieures : on apprend donc à accepter ce qu'on ne peut pas changer pour ne pas gaspiller notre énergie et notre joie de vivre en râlant inutilement…

Et si j'arrêtais de râler ?

Mais qu'est-ce que le stoïcisme des Grecs anciens vient faire dans notre recherche d'ikigai ? **Nous apprendre à arrêter de râler, pour commencer.** Comment ? En acceptant ce qu'on ne peut pas changer. Vaste programme ! On pourrait le résumer par cette superbe citation, tellement simple et puissante qu'on en ferait bien notre mantra pour la vie : « *Que la force me soit donnée de supporter ce qui ne peut pas être changé, le courage de changer ce qui peut l'être et la sagesse de distinguer l'un de l'autre.* » Pause méditation. Cette belle pensée nous viendrait de Marc Aurèle, empereur romain et philosophe (slasheur avant l'heure !). Hum, vous avez l'impression d'avoir entendu cette citation ailleurs ? Dans une série américaine peut-être ? Bingo ! C'est aussi « la prière de la sérénité » des Alcooliques Anonymes, un grand classique des soaps US. Mais on s'égare un peu en passant de la Grèce antique à Rome puis à Netflix…

Stoïque ET joyeuse

Concrètement, comment cette philosophie stoïcienne peut nous aider trouver notre ikigai ? **Elle peut booster notre joie de vivre intérieure** en nous incitant à balayer nos ruminations inutiles et en nous faisant prendre conscience qu'il y a des choses qui dépendent de nous et d'autres qu'on ne peut pas contrôler. Ok. Et alors ? Eh bien, ça change tout ! Quand on voit les choses sous cet angle, pourquoi se faire du souci, râler, ruminer, bitcher… (bref, étouffer notre joie de vivre) pour des situations, des événements, voire des personnes sur lesquels nous n'aurons jamais aucun pouvoir ? Acceptation = no frustration !

Je note les situations qui m'énervent actuellement ou que je rumine souvent :

……………………………………………………………………………

……………………………………………………………………………

……………………………………………………………………………

Puis réfléchissez : **avez-vous le pouvoir de les changer ou non?** Notez (objectivement) la réponse en face de chaque situation. Si la réponse est «non, je ne peux rien y faire (pour le moment ou pour toujours)», décidez en conscience de l'accepter de ne plus vous en soucier (pas simple, mais c'est comme la méditation, avec de l'entraînement, on y arrive).

Je cultive l'émerveillement et la gratitude

L'émerveillement et la gratitude sont deux sentiments clés au cœur de l'ikigai : le premier nous connecte à notre joie pure et enfantine et la seconde nous fait prendre conscience de notre chance. Les deux sont essentiels pour débusquer «ce qu'on aime».

La vie est belle!

L'émerveillement et la gratitude sont des anti rabat-joie par excellence! Difficile d'être grognon et ingrate quand on fait l'effort de remarquer toutes les (petites) choses autour de nous qui rendent la vie belle. Une fois qu'on a repéré toute cette beauté cachée, on apprend plus facilement à identifier les moments de bonheur, même infimes, qui font que notre journée vaut la peine d'être vécue.

Un peu de magie et beaucoup de présence...

L'émerveillement se définit comme un mélange d'étonnement et d'admiration, il nécessite donc d'accepter avec curiosité et humilité d'être surprise par quelque chose de plus grand que nous. C'est une manière d'insuffler un peu de poésie et de grandiose dans le quotidien.

L'émerveillement implique aussi qu'on soit dans un état de présence et d'attention totale, d'aiguiser nos sens. Impossible de s'émerveiller d'un paysage si on est en train de le mitrailler en photo, de faire une story sur Insta et d'attendre fébrilement que les likes pleuvent.

La dernière fois que vous vous êtes émerveillée, c'était quand?

Devant la mer, en vacances? Pas besoin de changer de décor pour s'émerveiller, il suffit parfois de bien regarder le ciel à l'aube ou au crépuscule, depuis notre fenêtre. Même un gros nuage sombre et menaçant avant la pluie peut nous émerveiller, si on apprend à le regarder vraiment, autrement, avec notre âme d'enfant. Enfant, justement, quand tout était nouveau, vous vous souvenez comme c'était hyper facile de s'émerveiller? Mais avec le temps vient… le manque de temps : la tête dans le guidon, on finit par penser que tout est acquis (un vrai piège!) et par ne plus se rappeler à quel point on est chanceuse ou à quel point le monde est beau.

Je cultive avant tout mon jardin secret

Faites d'abord de cet émerveillement votre jardin secret. Comment? **En repérant ces petits moments à part dans la journée et en les notant pour vous dans un carnet de gratitude** en rentrant à la maison ou juste avant de vous coucher. Vous vous rendrez compte que, tout comme l'émerveillement, la gratitude est très puissante. On peut la voir de deux manières : dire merci à la vie, à ses petites et grandes joies et dire merci aux autres. En bref, il s'agit d'être reconnaissante. Si quelqu'un compte ou a compté pour vous (un prof, un ami…), n'hésitez pas à lui en faire part : non seulement cette attention le rendra sûrement heureux, mais cela boostera également votre sentiment de bien-être de façon durable.

Je note tous les petits plaisirs (les vrais), les petites joies, les émerveillements que j'ai vécus cette semaine en commençant chaque fois par « Merci pour… ».

Merci pour ....

....

Merci pour ....

....

Merci pour ....

....

Merci pour ....

....

Merci pour ....

....

Je suis la seule créatrice de ma joie

Scoop : faire ce qu'on aime, se sentir bien dans sa peau, épanouie et à sa place, bref totalement en accord avec son ikigai, ça ne dépend que de soi ! Personne ne va vous apporter votre ikigai sur un plateau : être heureuse, ça se passe ici et maintenant, et c'est vous qui le décidez !

Le bonheur, c'est par ici...

On a déjà vu comment repérer et cultiver les moments de joie mais il nous manque encore une clé essentielle : prendre conscience que **c'est à nous et à nous seule de décider d'être heureuse.** C'est même scientifiquement prouvé ! Une des découvertes majeures de la psychologie positive ces dernières années est que notre capacité au bonheur est déterminée à 50 % par nos gènes et seulement à 10 % par les circonstances extérieures (les autres, notre niveau de vie, les tuiles qui peuvent nous arriver...) ; les 40 % restants (c'est énorme) dépendent entièrement de nous. Et c'est une super nouvelle : car, sur ces 40 %, on a vraiment le pouvoir d'agir.

Comment ? **En prenant d'abord nos responsabilités.** S'il ne faut pas se victimiser et rejeter sur les autres la responsabilité de tous nos malheurs, on n'attend pas non plus des autres qu'ils nous apportent le bonheur sur un plateau : ce n'est pas leur rôle et ce serait trop leur demander. Bien sûr, notre entourage et les circonstances extérieures influent sur notre bien-être, mais ce sont surtout nos pensées, nos décisions et nos actions sur cet entourage et ces circonstances qui sont à l'origine (ou non) de notre sentiment d'épanouissement.

Vive l'op-ti-mis-me !

Plus on fait l'effort de chausser nos lunettes d'optimiste et plus la vie aura du bon à nous apporter. Et si on s'entraînait à voir la vie du bon côté ? Vous pensez que ce n'est pas si facile, que le monde va mal (il n'y a qu'à écouter les infos ou repérer les haters sur les réseaux sociaux) ? C'est un point de vue comme un autre, mais sachez que vous avez le pouvoir d'en changer. Un média, justement, choisit les actualités qu'il va traiter dans son journal et met volontairement certaines infos à la une et d'autres à la trappe, il décide de l'angle sous lequel traiter ces informations (de manière sensationnelle, anxiogène ou positive). Vous pouvez faire la même chose avec votre vie : quels moments allez-vous retenir, mettre en avant, cultiver ? Les moments de joie, de partage, de bien-être, ou vos moments de doute et d'anxiété ? Sous quel angle allez-vous aborder un problème ou un échec ? Celui de la solution ou du découragement ? Pas question de verser

dans l'idéalisme, la méthode Coué ou pire, la politique de l'autruche. Non, on trouve le bon équilibre en ancrant son optimisme dans la réalité et en le teintant d'espoir et de confiance, en la vie d'abord, mais aussi en nous et en nos capacités à rebondir.

Je fais preuve de résilience

J'accepte les hauts comme les bas...

On ne peut pas être dans la joie et le flow en permanence. Identifier ses moments joyeux, intenses, les chérir, les apprécier, les provoquer est essentiel pour vivre en accord avec son ikigai. Mais ça ne veut pas dire que vous devez être heureuse et épanouie 100 % du temps : ce serait même un peu chelou quand on y pense. **Personne ne va bien tout le temps : ça n'existe pas.**

Alors, inutile de culpabiliser à chaque coup de mou : on accepte et on vit en conscience ces moments de moins bien (blues, anxiété, stress), en sachant qu'ils sont passagers et qu'on a en nous les ressources nécessaires pour retrouver notre joie intérieure. Par exemple, on apprend à reconnaître quand une vague d'anxiété arrive et on se l'avoue clairement, dans sa tête, dans un carnet ou à voix haute si ça nous chante : « Tiens, là, je ressens de l'angoisse. Ce n'est pas agréable mais je sais que ça va passer. » Mettre des mots dessus, l'identifier nous connecte à nous-même : bye bye, les stratégies d'évitement qui ne feraient qu'amplifier cette émotion.

Inspiration kintsugi (ou kintsukuroi)

C'est un art japonais très poétique (comme souvent au pays du Soleil levant) qui consiste à réparer des objets cassés, en les recollant tout en finesse avec une laque trempée dans de la poudre d'or. Résultat : ce vieux vase brisé ou cette petite soucoupe cassée qu'on allait jeter sont sublimés par les rainures dorées qui les traversent (checkez sur Google Images : c'est vraiment très beau). On s'aide de cette belle image pour nous inspirer et traverser les coups durs. On y voit aussi une métaphore de nos failles : on apprend à les accepter et à ne pas les cacher.

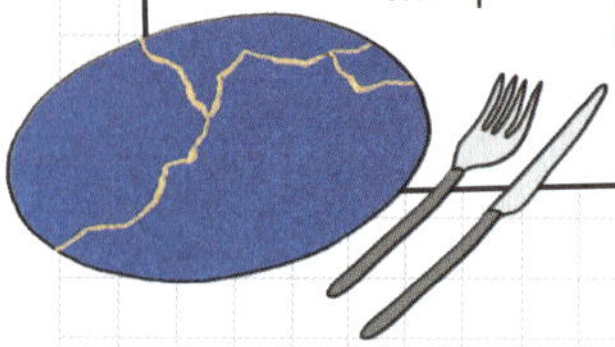

L'ikigai ou donner du sens à sa vie

On peut se sentir heureuse, savourer les petits plaisirs et les grandes joies mais avoir aussi la sensation qu'il nous manque quelque chose… d'essentiel. Le sens, c'est avoir le sentiment de contribuer à quelque chose de plus grand que nous, trouver « ce dont le monde a besoin » pour y participer de façon positive. C'est la grande question du « pourquoi ? ». Trouver la réponse (ou les réponses) à cette question permet de découvrir nos désirs enfouis et d'être armée contre une autre question, encore plus redoutable : « À quoi bon ? »

À l'écoute de mes besoins

Avant de penser à s'accomplir et à donner du sens à sa vie, ses besoins essentiels doivent être satisfaits. La pyramide de Maslow, mise au point par le psychologue Abraham Maslow dans les années 1940, a hiérarchisé de manière synthétique nos différents besoins vitaux.

1. **Les besoins physiologiques :** ce sont des besoins ultra basiques mais indispensables à notre survie : manger, boire, respirer, dormir, se reproduire…
2. **Le besoin de sécurité :** avoir un toit sur la tête, sentir que nous ne sommes pas menacés, être en bonne santé : bref, on est encore au stade de la survie. Dans les cercles de l'ikigai, ça correspond à « ce pour quoi je peux être payée ».
3. **Le besoin d'appartenance :** avoir des amis, se lier aux autres : on compte pour eux et ils comptent pour nous. L'aspect social est fondamental : la solitude est un manque à ne pas négliger. Cette idée d'appartenance se retrouve dans le cercle de l'ikigai « ce dont le monde a besoin », qui nous invite à partager avec les gens qui nous entourent.
4. **Le besoin d'estime :** on a besoin de la reconnaissance, de retours positifs et de l'estime des autres. À ce stade, on vise aussi à être plus indépendante, plus autonome. On n'oublie pas non plus l'estime de soi, hyper importante. C'est pile ce qu'on ressent quand on fait « ce pour quoi on est douée », un autre des cercles de l'ikigai.
5. **Le besoin de s'accomplir :** on arrive au sommet. C'est le stade de l'épanouissement et du développement personnel : ici, on vise à réaliser son plein potentiel et à devenir la meilleure version de soi-même. On prend conscience de ce qui nous rend unique et on satisfait des besoins importants, mais moins vitaux, comme la méditation. Ici, on sait « ce qu'on aime » vraiment et on se donne les moyens de l'accomplir.

Et l'ikigai, alors ?

L'ikigai pourrait se trouver ici, au sommet de la pyramide, mais il va bien au-delà, il sort du cadre. Vers la fin de sa vie, Abraham Maslow avait d'ailleurs ajouté un 6e niveau à sa pyramide : « le dépassement de soi » qui comportait une dimension encore plus altruiste et impliquait de se transcender pour s'impliquer dans une cause, un idéal, de se mettre au service des autres. Tiens, tiens !

Étape par étape…

Cette pyramide permet de remettre les choses à leur juste place : on est quand même hyper chanceuse de pouvoir se poser la question de l'ikigai : ça implique que la plupart de nos besoins essentiels sont déjà satisfaits et ne parasitent pas notre quête. Nous avons en général la chance de pouvoir assouvir sans trop nous poser de questions les trois premiers besoins, mais plus on monte dans la pyramide et plus il peut être difficile d'être pleinement satisfaite : c'est là que les manques, les frustrations, les blocages se font sentir et c'est super important de les mettre au jour pour pouvoir passer à l'étape supérieure. Dans l'idée, il est très difficile de monter un étage de la pyramide si les besoins de l'étage inférieur ne sont pas satisfaits. Comme dans un jeu vidéo, à chaque étape franchie, le niveau devient plus ardu et n'est pas à la portée de tout le monde. Aussi, plus on monte dans la pyramide et moins le taux de satisfaction du besoin est élevé.

Mes besoins sont-ils satisfaits?

À chaque palier de la pyramide, notez (en pourcentage) à quel point vous estimez votre besoin satisfait. Si vous n'atteignez pas 100% ou presque : notez les manques et les frustrations que vous ressentez, liés à ce domaine. Identifiez vos frustrations, vos sensations de manque, de vide…, signes d'une perte de sens pouvant parfois mener à une vraie crise existentielle. Ce sont des pistes à creuser et à travailler pour améliorer son bien-être. Tout au long de ce cahier, on va vous aider à exploser le score du 5e niveau pour aller même au-delà !

Je vise à être en accord avec moi-même

En harmonie avec mes convictions

Assouvir ses besoins, c'est indispensable, mais pour atteindre l'ikigai, **il est aussi essentiel d'être en accord avec ses valeurs.** Le but? Être «alignée», c'est-à-dire sentir une parfaite cohérence entre ce qu'on dit, ce qu'on pense et ce qu'on fait. Et quand tout sonne juste en nous, quand nos actions sont au diapason de nos valeurs, de nos convictions, on trouve à la clé un sentiment d'harmonie et de sérénité. Le brouillard se dissipe, on doute moins, les décisions viennent plus facilement car on reste authentique et fidèle à qui on est vraiment, détachée du regard des autres. Bien se connaître est donc essentiel : c'est même le cœur du prochain chapitre, qui va vous aider à vous révéler à vous-même.

Quelles sont mes valeurs ?

En attendant, vous pouvez réfléchir dès maintenant à vos valeurs : elles en disent long sur le sens que vous voulez donner à votre vie.

Je note ici mes 3 valeurs fondamentales (par exemple : bienveillance, empathie et courage)

....

....

....

Vous séchez? Pas grave! Vous pouvez zapper cet exercice et y revenir à la fin de la lecture du chapitre 2, quand vous y verrez plus clair. On avance à petits pas vers l'ikigai, une page après l'autre.

Je me sens utile aux autres

Être en phase avec soi-même, c'est cool, mais l'être aussi avec « ce dont le monde a besoin », c'est encore plus épanouissant !

On ne trouve pas sa raison d'être en restant toute seule dans son coin. Impossible de s'accomplir vraiment en étant trop autocentrée, même si on se sent méga alignée.

Se réaliser, c'est aussi apporter sa pierre à l'édifice en contribuant à la société, se sentir utile, et donc faire partie de quelque chose de plus grand que soi. Ce qui est beau, c'est qu'on doit mobiliser les plus belles qualités pour y parvenir : altruisme, compassion, empathie, don, bienveillance…

Quel est mon moai ?

Il est indispensable de s'épanouir pleinement au contact des autres : savoir donner, mais aussi recevoir.

À Okinawa, chaque habitant de l'île fait partie d'un moai. *Moai*, en japonais, signifie (à peu près) « se retrouver pour un but commun ».

Mon moai

Je note ici les personnes sur qui je peux compter et avec qui j'aime partager :

....

....

....

En quoi pourrais-je leur être utile ?

....

....

....

Un moai est une communauté avec qui partager et sur laquelle on peut compter en cas de coup dur, émotionnellement surtout, et parfois même financièrement. Elle repose sur le partage et la solidarité de ses membres.

Calez avec ces personnes des rendez-vous réguliers dans votre agenda. On a vite fait de zapper des moments précieux avec les gens qui comptent pour nous. Pensez à les remettre au cœur de vos priorités !

J'adopte un état d'esprit wabi-sabi

Simplicité, sobriété et sérénité… Le wabi-sabi, comme l'ikigai (avec qui il se marie à merveille), est une philosophie de vie japonaise née au XIIe siècle. Il nous enseigne que l'essentiel n'est pas d'atteindre la perfection et qu'on a tout à gagner à cesser d'être trop exigeante avec nous-même. Le but ? Faire redescendre la pression pour prendre le temps de se connecter à notre essentiel, à notre ikigai.

No pressure

L'essentiel est imparfait et éphémère, c'est ce que nous enseigne la philosophie japonaise du wabi-sabi. Toute perfection est une illusion : souvenez-vous-en la prochaine fois que vous scruterez votre fil Insta en douce sous la couette. D'ailleurs, vous ne trouvez pas ça louche, toutes ces maisons où rien ne traîne et ces maillots de bain d'où aucun bourrelet ne dépasse ? Non ? Pourtant, toutes ces photos sont passées d'une manière ou d'une autre à travers le filtre faussé de la recherche de perfection. Et si on l'oublie, notre propre imperfection nous apparaît aussitôt comme anormale : hello frustration ! Le wabi-sabi nous apprend au contraire à nous détacher de cette perfection inatteignable et à accepter les choses, les gens (et nous !) comme ils sont, dans toute leur belle et unique imperfection.

Un regard différent sur mes imperfections

Le wabi-sabi, c'est aussi un courant esthétique qui valorise les objets usés, différents, vieillis et qui leur redonne une place de choix dans la maison. L'idée ? Trouver le beau dans ce qui est caché, abîmé… Bref, sublimer et redonner de la valeur à ce qui n'est pas parfait. Avec un état d'esprit wabi-sabi, on est naturellement moins exigeante avec nous-même et avec les autres, et surtout moins dans la comparaison. On consomme moins, ou mieux : la nouveauté pour la nouveauté ne nous intéresse plus et on est moins sensible aux sirènes du marketing. On arrête aussi de se mettre la pression et on savoure les choses simples et évidentes, sans prise de tête. Alors, prenez le temps de mettre une touche de wabi-sabi dans votre recherche d'ikigai pour vous éviter de mettre la barre trop haut et de vous juger si vous ne cochez pas encore toutes les cases.

Je repère 3 choses imparfaites qui m'émeuvent et je les note ici.

Ça peut être un objet (un dessus-de-lit un peu râpé mais qui a une histoire) ou une personne (au visage imparfait mais charmant) qui vous sont chers, mais aussi un arbre, un animal…

1 ....

2 ....

3 ....

Je ralentis en mode slow life

Stop à l'« accélérite » !

Pas facile de ralentir quand on a envie de tout tester, tout expérimenter et quand on fait face à des possibilités quasi infinies : tous ces voyages à faire, ces spectacles et ces conférences à découvrir… Cette frénésie d'action est hyper excitante et faire des expériences contribue grandement à trouver son ikigai. C'est prouvé : il vaut mieux investir dans des expériences de vie plutôt que des biens matériels pour être vraiment heureuse.

Oui mais, de temps en temps, on pense aussi à ralentir, à faire un pas de côté. On s'arrête pour se poser et se demander si nos choix, nos actions, nos objectifs sont bien les nôtres et pas ceux des autres. On se ménage des moments de déconnexion et de lâcher-prise…

Mes rituels bien-être
Dans votre agenda ou votre Bullet Journal®, calez pour le mois à venir de petits rituels de bien-être, des pauses pour faire le point et des moments détox pour vous reconnecter à ce qui compte vraiment pour vous.

Je range tout pour dégager plus de clarté

Joie et minimalisme

Une certaine dose de minimalisme invite aussi à (re)découvrir l'essentiel. Ce n'est pas un hasard si les méthodes de rangement à la japonaise (DanShaRi, KonMari…) ont un tel succès : il ne s'agit pas juste d'apprendre à plier nos culottes et vider nos placards : il y a un sens caché derrière ces rituels du rangement. Marie Kondo, dans son best-seller *La Magie du rangement* (éd. First, 2015) nous invite d'ailleurs à nous demander si un objet nous « met en joie » avant de décider de le garder ou de le jeter, ce n'est pas anodin. Faire le tri, se débarrasser de certains objets et de l'attachement qu'on leur porte permet de se délester d'un passé encombrant et de libérer aussi de l'espace dans notre esprit pour accueillir ce qui nous attend avec plus de clarté.

On se lance dans un méga tri !

Comment ? En s'inspirant de la méthode DanShaRi, qui signifie refuser (tout nouvel achat inutile), jeter (tout objet encombrant) et se séparer (laisser derrière nous le superflu, pour se concentrer sur l'essentiel). Vous verrez, vous allez avoir du mal à vous arrêter et, à la fin de ce grand ménage de printemps, vous devriez y voir plus clair dans votre maison et dans votre esprit.

Je repère les synchronicités pour développer mon intuition

C'est un signe !

Il y a de la magie dans l'ikigai et elle se niche au cœur de ces heureux hasards, ces belles coïncidences qui arrivent dans notre vie pour nous montrer subtilement le chemin à suivre. Ces « synchronicités », pour reprendre le terme du psychanalyste Carl Gustav Jung, nous invitent à être plus réceptive, plus à l'écoute de notre intuition et de notre environnement. Il s'agit d'un événement, d'un signe, d'une rencontre qui arrive pile au bon moment dans notre vie et, tout un coup, tout prend… sens !

Entre coïncidences et opportunités…

Il faut faire la différence entre les synchronicités sympas mais parfaitement anodines : « Tiens, c'est fou, je me disais justement qu'il fallait que je t'appelle et je tombe sur toi » et celles, plus puissantes, qui s'imposent à nous comme de véritables révélations et peuvent parfois changer le cours de notre vie : « Juste au moment où je pense à mon rêve d'aller en Angleterre, bim, je trouve par hasard dans mon newsfeed Facebook une annonce partagée par un ami pour un job génial à Londres ! » Ce sont ces dernières qui nous mettent sur la piste du sens qu'on veut donner à sa vie, elles arrivent souvent dans un moment de transition, quand on est un peu perdue ou qu'on bloque sur une prise de décision. Elles ne sont pas toujours heureuses, parfois on se passerait bien de certaines lois des séries assez pénibles, mais elles véhiculent toujours un message pour nous faire avancer : à nous de le décrypter. Ces coïncidences qui font sens sont précieuses car elles nous poussent à nous reconnecter à notre intuition, à suivre notre cœur et à saisir les opportunités qui se présentent. Entraînez-vous à les repérer au quotidien !

Ai-je déjà expérimenté ces heureuses coïncidences ?

Si oui, notez ici celles qui vous ont le plus marquées et, en face, le sens que vous leur donnez.

……………………………………………………………………………

……………………………………………………………………………

……………………………………………………………………………

……………………………………………………………………………

L'ikigai, c'est aussi un lifestyle

Les Japonais d'Okinawa associent leur ikigai à un certain style de vie hyper sain, indispensable pour une vie longue et heureuse. Hygiène et philosophie de vie vont souvent de pair : prendre soin de soi, c'est savoir décrypter son mental, ses émotions, ses envies, mais aussi écouter son corps et donner de l'importance à son bien-être. L'un se nourrit de l'autre. On pique aux habitants d'Okinawa quelques tips, essentiels au bon épanouissement de notre ikigai. L'idée ? Soigner son alimentation, se (re)connecter à la nature et prendre soin de son corps, tout en boostant son mental !

Je soigne mon alimentation

Le célèbre régime Okinawa serait, avec l'ikigai et le moai (voir p. 21), l'autre secret de la forme exceptionnelle des habitants de l'île.

Je m'initie au « hara hachi bu »

Vous devinez ce que c'est ? Non, ce n'est pas un art martial hyper pointu, mais une règle d'alimentation super bien vue. Cette petite phrase, parfois prononcée avant ou après le repas au Japon, signifie (à peu près) : « Mange jusqu'à ce que tu sois à 80 % rassasiée. » En gros, l'inverse de notre : « J'ai bien mangé, j'ai bien bu, j'ai la peau du ventre bien tendue » !

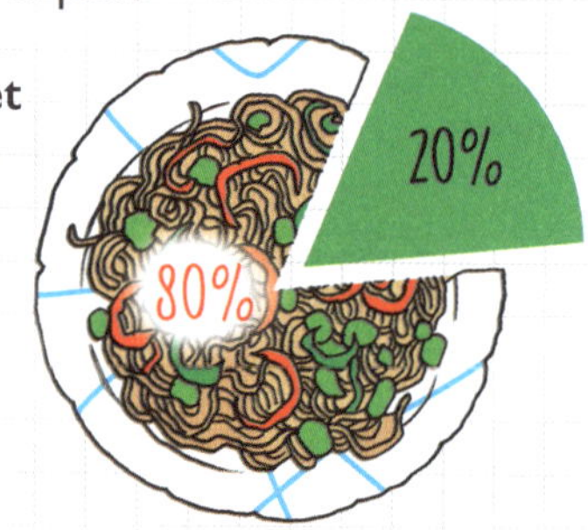

Le secret des Japonais d'Okinawa pour garder la forme et la ligne ? La modération. Pas question de commander des profiteroles après son burger : on s'arrête avant (bien avant) d'avoir à déboutonner en douce le bouton de son jean slim. **La meilleure façon d'y arriver ? Manger super lentement :** le message de la satiété met environ 15 minutes à arriver au cerveau. Une fois qu'on a repéré le moment où on est rassasiée, on sait (à peu près) ce que veut dire « s'arrêter à 80 % ».

Je picore dans de petites assiettes

Les Japonais servent souvent leurs plats dans de nombreuses petites assiettes, ce qui aide à manger moins et de plus petites portions. Vous pouvez commencer par troquer vos grandes assiettes contre des assiettes à dessert ou, si vous êtes en mode warrior, contre plusieurs soucoupes.

Je « pimpe » mes menus à la mode Okinawa

À vous, tofu, poissons, légumes et riz à volonté (heu non, à 80 % de votre faim !). Le must ? Si vous en trouvez, goûtez le shikuwasa, un agrume qui ressemble au citron vert, bourré d'antioxydants.

Je me (re)connecte à la nature

Si l'ikigai aide à révéler sa propre nature, il invite aussi à ne pas oublier en chemin celle qui nous entoure.

Le shinrin yoku, ou l'art de prendre des bains de forêt

Petite, vous faisiez des câlins aux arbres, non ? Le shinrin yoku, qui signifie « bain de forêt » en japonais, invite à se ressourcer en forêt, même si le gros câlin au peuplier est optionnel (rassurée ?).

Au Japon, cet art est quasiment élevé au rang de médecine préventive. Chez nous, on l'appelle « sylvothérapie ». L'idée ? Encore plus cool qu'un bain chaud dans une baignoire étriquée, le bain de forêt nous permet de puiser des forces (et de la joie !) dans la nature. Comment ? Simplement en se baladant en conscience, comme une méditation en marchant. **Bien ancrée dans la terre, au fur et à mesure de la promenade, vous mobilisez vos cinq sens :** humez l'odeur de la mousse des bois, regardez les feuilles danser dans le vent, écoutez attentivement le chant des oiseaux… À la clé ? Moins de stress, plus de bien-être, un système immunitaire et une créativité reboostés.

Le hanami : la fête de la floraison

Le hanami, au Japon, c'est la **célébration au printemps de la nature en fleurs,** principalement des cerisiers, les fameux *sakura*. Les Japonais se réunissent dehors pour fêter ensemble cette merveille de la nature : l'équivalent de nos pique-niques printaniers, le sens du sacré en plus et le saké à la place du rosé.

Le haïku : les saisons en poème

Le haïku est un petit poème très bref qui comporte toujours un rappel à la nature, aux saisons (vous pouvez puiser l'inspiration lors d'un shinrin yoku). Ils obéissent à des règles d'écriture hyper strictes. La première ligne doit faire 5 syllabes, la deuxième 7 syllabes et la troisième (et dernière) 5 syllabes.

Exemple :

Rayon de soleil
Et soudain le ciel s'embrase
C'est l'aube d'été

Inspirée ? Vous pouvez écrire votre haïku ici, on vous a laissé de la place…

....

....

....

....

Je prends soin de mon corps et de mon esprit

En parallèle de sa quête d'ikigai, on cultive un « esprit sain dans un corps sain ». Toute une philosophie de vie !

Je me bouge (en douceur)

Surprise ! Faire du sport serait une des clés majeures d'une vie équilibrée et en pleine santé… Bon, ok, on ne vous apprend rien ! Vous adorez courir 1 heure tous les matins et vous défouler sur votre vélo d'appart en écoutant Rihanna à fond ? Top ! Mais n'oubliez pas d'alterner aussi avec des exercices plus doux et réguliers. Yoga, tai chi, qi gong, stretching… choisissez votre pratique douce favorite et faites-en un peu tous les jours, même juste un quart d'heure pour un bon équilibre.

Gambarimasu : je me donne à fond…

Face à un challenge, un défi ou un objectif de vie, adoptez l'esprit *gambarimasu*. Ce mot japonais, souvent utilisé dans un contexte sportif pour booster les capacités d'une équipe, signifie « **se donner à fond pour atteindre son objectif** ». Faites-en votre mantra dans votre recherche d'ikigai, mais dans un esprit positif et bienveillant, bien sûr.

Ma check list Okinawa pour me booster dans ma recherche ikigai

Cette semaine :

- ❑ **Hara hachi bu** tous les midis à la cantine (je mange à 80 % rassasiée et lentement).
- ❑ **Un shinrin yoku** : une balade en pleine nature, en conscience.
- ❑ **Je fais de l'exercice** modéré un petit quart d'heure tous les jours, en plus de mes éventuels autres trainings plus intensifs 2 ou 3 fois par semaine.
- ❑ **Je compose un petit haïku** au calme.

Les cercles de l'ikigai

Le secret de la méthode en quelques cercles…

Attention, spoiler du chapitre 3 ! On vient de voir l'aspect un peu philo (et lifestyle) de l'ikigai, mais tout ça vous paraît encore un poil abstrait ? Ça tombe bien, l'ikigai a été simplifié et synthétisé sous forme d'un diagramme en cercles qui permet de le comprendre en un coup d'œil : pratique ! Notre ikigai se nicherait donc au cœur des réponses à ces 4 questions essentielles : on vous laisse y jeter un œil.

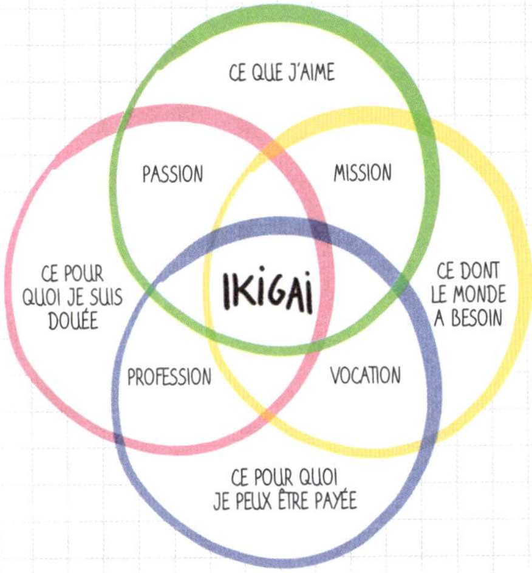

Les 4 questions que je dois me poser…

- **Qu'est-ce que j'aime ?**
- **Pour quoi suis-je douée ?**
- **Pour quoi puis-je être payée ?**
- **De quoi le monde a-t-il besoin ?**

Connaître parfaitement les réponses à ces questions, en faire le fil rouge de ses actions et le point de départ de ses objectifs de vie serait donc la clé pour trouver sa raison d'être et mener une vie joyeuse, épanouie et équilibrée. Top ! Mais répondre à ces questions existentielles et remplir ces cercles, là, tout de suite, peut paraître un peu intimidant, voire prématuré. C'est normal, la quête du bonheur ne fait que commencer…

Patience…

Vous pouvez y réfléchir dès maintenant (on ne va pas vous en empêcher si ça vous chante !), **mais on vous conseille plutôt d'arrêter de vous gratter la tête** et de poser votre stylo pour le moment. Pourquoi ? Car on vous explique en détail dans le chapitre 3 comment vous servir de façon optimale de ce diagramme, qui est un super outil pour trouver votre mission de vie. Vous pourrez vous en donner à cœur joie un peu plus loin dans ce cahier en apprenant à décortiquer les combinaisons gagnantes et à trouver en chemin votre passion, votre mission, votre profession et votre vocation.

Mais avant de savoir où vous allez, vous ne voudriez pas d'abord découvrir qui vous êtes… vraiment ? Eh oui, c'est une étape essentielle pour pouvoir répondre le plus précisément et honnêtement à ces questions et parvenir à résoudre cette énigme de l'ikigai. Avant de trouver le trésor qui est en vous, il faut faire plus ample connaissance avec ce « vous ». Allez hop, c'est parti pour la plus dense et belle partie de cette chasse à l'ikigai !

Chapitre 2
« Connais-toi toi-même »

L'ikigai, c'est notre place dans le monde, ce pour quoi nous sommes faites. C'est ce qui nous fait dire : ça, c'est vraiment moi, c'est ce que je veux creuser, ce que je veux cultiver. C'est cette sensation d'être en phase avec soi-même dans tous les domaines ! En phase avec ses compétences, ses passions, sa personnalité, ses envies… Bref, totalement alignée avec la personne qu'on a envie d'être. Oui, mais voilà, si on ne sait pas vraiment qui on est ou si on bride notre personnalité, on ne peut pas vraiment trouver son ikigai : il sera faussé. Pour éviter de donner des réponses vagues, superficielles ou convenues quand on se penchera sur les cercles au prochain chapitre, il est essentiel de passer par une étape intermédiaire pour se mettre au clair avec soi-même et apprendre à se connaître. Le but ? Se débarrasser des croyances négatives qui nous empêchent de nous voir telle que nous sommes et de devenir celle qu'on mérite d'être. Notre ikigai se déploie quand nous nous déployons et il se révèle à nous quand nous osons vivre notre plein potentiel. Mais parfois, nous ne le laissons pas faire et nous faisons taire la super héroïne en nous. Dégommer les freins qui nous empêchent de rayonner est donc essentiel pour devenir pleinement soi-même et découvrir sa mission. Eh oui, comment savoir ce que l'on veut réellement dans la vie, si on ne sait pas bien qui on est ? Allez, on se met en mode introspectif pour gagner en clarté sur ses désirs profonds. Prête à découvrir votre personnalité et votre potentiel caché ? C'est parti !

Vous n'êtes pas celle que vous croyez !

Parfois, on se fie à de fausses identités rassurantes et on passe à côté de qui on est vraiment. Oubliez les cases dans lesquelles vous vous êtes mise sans vous en rendre compte ! Pourquoi ? Parce qu'elles vous coupent de qui vous êtes réellement et vous éloignent de votre ikigai. Apprenez à identifier et à dégommer les fausses représentations de vous-même pour pouvoir découvrir votre ikigai (et pas celui d'une autre) !

Votre « troll intérieur »

« Troll intérieur » ? Mais oui, vous savez, cette petite voix pénible qui vous harcèle de temps en temps et essaie de vous faire croire que vous êtes nulle (attention, scoop : vous n'êtes pas nulle du tout !). Son but ? Tout faire pour que vous ne découvriez pas votre ikigai, le rendre flou et vous faire douter de vous et de vos envies en vous mettant sur de fausses pistes.

Vous avez parfois (souvent ?) tendance à vous critiquer durement ?

Vous ressassez vos échecs en boucle, minimisez vos réussites, donnez trop d'importance à vos complexes ? Ça se bouscule là-haut dans votre cerveau, ça cogite et ce qu'il en ressort, c'est une petite voix qui vient vous susurrer des mots pas très cool à l'oreille ? Ça arrive même aux meilleures d'entre nous. C'est signe d'une estime de soi un peu en berne, mais pas de panique, avec du temps et de la persévérance, on peut retrouver le chemin de la confiance dans ce labyrinthe de pensées négatives. La première étape ? Cesser de donner trop d'importance à ce dialogue intérieur qui vous mine, car avoir une bonne estime de soi, c'est une base essentielle pour vivre en accord avec soi-même et trouver son ikigai.

J'observe mes pensées négatives

Pendant une journée, essayez de faire attention à toutes les pensées négatives, les reproches, les autodénigrements qui tournent en boucle dans votre tête, et notez-les ici :

....

....

....

....

Vous n'êtes pas obligée de croire ce troll sur parole !

Vous avez en vous les ressources et le pouvoir de lui tenir tête. Et mieux vaut commencer à contester cette petite voix dès maintenant. Car plus on lui donne raison, plus on se définit par elle, plus elle se renforce et… moins on arrive à lui tenir tête : c'est un cercle vicieux.

Comment faire pour lui donner moins d'importance? **Mettez-vous en mode «observation»,** écoutez ce que cette petite voix veut vous raconter, mais en prenant du recul, en restant neutre. Et prenez des notes!

Comment savoir si le vieux troll n'a pas raison?

C'est vrai ça, et si vous étiez vraiment nulle, en fait? Bon, franchement, il y a beaucoup plus de chances pour que ce soit une «fake news»! Mais comment en être sûre? C'est simple, essayez de repérer sur quel ton vous vous parlez dans votre tête. Est-ce que vous parleriez sur ce ton à une amie, est-ce que vous lui balanceriez le quart de ce que vous vous reprochez? Est-ce que la critique que vous vous faites est vraiment constructive? Si cette pensée négative remet en cause toute votre personne («J'ai fait ça = je suis nulle»), là, c'est le troll qui parle. Si elle questionne simplement votre comportement («Sur ce coup-là, je n'ai pas été à la hauteur»), c'est constructif.

Quand certaines remises en question sont nécessaires...

Certaines remises en question nous permettent d'avancer, de nous améliorer, elles nous poussent à devenir une meilleure version de nous-même et à apprendre de nos erreurs. C'est super important de les écouter, mais il faut savoir aussi faire le tri avec celles qui nous tirent vers le bas et déchargent à vitesse grand V notre batterie de «confiance en soi». Convoquez dès à présent votre Buffy intérieure et donnez-vous pour mission de combattre sans relâche ces petits vampires qui sirotent tranquillement votre estime de vous et vous éloignent de ce qui fait vraiment le sel de votre personnalité.

Reprenez les pensées négatives que vous avez notées plus haut et contestez-les : ce sont des «fake news»! Trouvez pour chacune un contre-argument.

....

....

....

....

Et si je n'ai pas de troll intérieur ?

Vous n'avez pas de petite voix chelou qui sape votre estime de soi et vous avez zappé les trois derniers paragraphes ? Lucky you ! Mais prenez garde toutefois à ne pas vous définir sans le faire exprès par vos défauts ou vos lacunes. Connaître ses défauts est indispensable pour avancer mais ils ne vous définissent pas. « Je suis angoissée », « je suis maladroite », « je suis nulle en maths », « je n'ai pas le sens de l'orientation »… Faites attention à ne pas systématiquement vous définir auprès des autres par vos défauts sans vous en rendre compte et faites la différence entre autodérision (un peu d'humour, ça fait du bien !) et autodénigrement (votre saboteur intérieur !).

Je note ici ce que je pense être mes 3 principaux défauts :

1. ……………………………………………………
2. ……………………………………………………
3. ……………………………………………………

Et maintenant, ça vous dirait de vous faire des compliments pour changer ? Allez, on passe en mode louange ! Faites ici votre éloge, vous pouvez en rajouter (c'est le jeu !), mais appuyez-vous sur des traits de personnalité bien réels. Mettez-vous enfin en tête que vous êtes FOR-MI-DABLE, et que vous avez le droit d'être heureuse et en phase avec votre ikigai !

……………………………………………………

……………………………………………………

……………………………………………………

……………………………………………………

……………………………………………………

……………………………………………………

Vous n'êtes pas non plus…

On continue la liste de ce que vous n'êtes pas pour débroussailler tout ça ! Votre métier, votre apparence physique, vos achats peuvent dire des choses de vous, mais ce n'est pas vous. Vous valez beaucoup mieux que ça.

Votre métier

« Et toi, qu'est-ce que tu fais dans la vie ? » Beaucoup de gens redoutent ou adorent cette question. En faites-vous partie ? Pourtant, votre métier ne vous définit pas, qu'il soit valorisant ou que vous en ayez honte. Pourquoi ? Parce que ça reviendrait à dire que si, du jour au lendemain, vous vous retrouviez au chômage, vous ne seriez plus rien ! Ou que si vous changiez de job, vous changeriez de personnalité, d'identité. Ça n'a pas de sens.

Votre apparence physique

Vous êtes jolie ? Tout le monde le dit ? Ok, mais vous avez aussi beaucoup d'autres qualités ! Et ça marche aussi dans l'autre sens : vous accrocher à vos complexes physiques vous tire vers le bas. Bon, pardon par avance pour le gros cliché suivant (mais parfois ça va mieux en le lisant) : oui, la beauté vient de l'intérieur parce que vous rayonnez. Et ce qui vous fait briller, ne serait-ce pas votre ikigai, justement ? Quand on respire la joie de vivre et qu'on se sent alignée, ça rejaillit automatiquement sur notre physique : il émane de nous une aura, un charisme serein qu'aucune mensuration parfaite ne saurait égaler.

Vos achats, vos possessions

Si on ne sait pas bien qui on est, on peut aussi s'accrocher inconsciemment à nos possessions, pensant qu'elles nous valorisent. Mais nous ne sommes pas ce que nous avons : un sac de marque ou un smartphone, si beaux ou performants soient-ils, ne peuvent pas nous définir.

Comment savoir si vous vous définissez inconsciemment par votre métier, votre physique ou vos achats ? Si c'est le cas, vous remarquerez que cela entraîne automatiquement un peu de jalousie. Après tout, quelqu'un aura toujours un meilleur job, un plus beau corps ou un téléphone plus moderne que vous.

Méfiez-vous de la hype !

Les tendances et les injonctions peuvent parasiter la recherche d'ikigai. Comment ? En nous faisant croire qu'on aime, qu'on a besoin, envie de faire ou d'acheter quelque chose alors que, si on creusait un peu, on verrait que ça n'a pas de sens pour nous, que ce n'est pas en phase avec nos valeurs, nos goûts, nos besoins, nos envies. Si on ne coupe pas le pilote automatique de la hype et qu'on ne fait pas un pas de côté pour se recentrer sur nos convictions, on risque de se retrouver, parfois sans s'en rendre compte, sur un chemin qui n'est pas le nôtre et qui ne mènera pas à notre ikigai. On en revient à cette question essentielle du « pourquoi ? » de nos actions, au cœur de l'ikigai. Y a-t-il des raisons cachées (les tendances) qui influent inconsciemment sur nos comportements et qui nous coupent de nos valeurs ? La société de consommation se nourrit de nos manques et nous pousse à faire, aimer ou acheter des choses qui ne nous conviennent pas forcément, juste pour avoir un sentiment d'appartenance à un groupe (ce qui est humain).

Le défi ?

Essayez de ne pas faire les choses parce que ça paye, parce que ça apporte la gloire, parce que c'est hype ou instagrammable, mais uniquement parce que ça vous procure de la joie, de la satisfaction, que ça vous passionne, vous intéresse, remue quelque chose en vous, vous fait grandir, vous sentir vivante et heureuse.
Avez-vous vraiment envie d'une épilation intégrale, d'une déco scandinave dans votre salon, de mules moumoutes, d'une année sabbatique, de vous mettre à la permaculture… ? Si vous trouvez ça fun, pertinent ou que ça colle parfaitement avec votre style ou vos convictions, aucun problème. Mais si c'est juste pour la tendance, c'est dommage car cela vous déconnecte de vos propres envies. Assumer ses goûts est essentiel pour se forger une personnalité authentique et aller à la rencontre de son ikigai.

Je liste ici les choses que je fais pour attirer le regard des autres mais qui, au fond, ne me conviennent pas…

Aiguisez votre esprit critique !

Remettez en question les injonctions, les idées reçues, les croyances, les généralités et même ce qui est écrit dans ce livre ! Bref, osez avoir vos propres opinions, même si elles sont à contre-courant. Aiguisez votre esprit critique, c'est essentiel pour vous forger vos propres convictions et connaître vos vraies valeurs.

Pensez-vous vraiment par vous-même ?

Parfois, sans s'en rendre compte, on adopte des pensées déjà entendues. On peut aussi avoir intégré pas mal de croyances (souvent limitantes, sinon c'est pas drôle) de notre éducation, de nos parents, de notre milieu familial ou professionnel.

Stop aux « il faut », « tu dois », « c'est bien connu que... » !

On se fait toutes plus ou moins des idées de ce que la société attend de nous. Et si, au lieu de leur obéir aveuglément, on essayait plutôt de contester ces « il faut », « tu dois » qui nous encombrent l'esprit ? Voici une liste de clichés, injonctions et croyances que nous sommes nombreuses à partager et que nous prenons souvent comme des faits établis, en les remettant rarement en question. Devant chacun d'entre eux, notez si vous y croyez ou pas en leur attribuant une note de 1 à 5 (5 = j'y crois à fond et 1 = je n'y crois pas du tout). Si vous n'êtes pas hyper convaincue par cette croyance, amusez-vous à la dégommer en affûtant vos arguments.

- L'amour dure 3 ans.

  ....

- Il faut souffrir pour être belle.

  ....

- Un « vrai » artiste est malheureux : le bonheur est l'ennemi de la créativité.

  ....

- À 30 ans, il faut que je sois en couple et si possible déjà maman.

  ....

- Un homme viril, ça ne pleure pas.

  ....

- Il faut faire l'amour au minimum trois fois par semaine.

  ....

- Il faut que je trouve un job qui ait du sens.

  ....

- Être célèbre, c'est génial.

  ....

- Les hommes sont infidèles par nature.

  ....

À moi de continuer la liste!

Je note ici mes propres injonctions et croyances, pour en prendre conscience et, si besoin, les remettre en question et les dégommer.

- ....
- ....
- ....
- ....
- ....

L'esprit critique n'est pas l'esprit de contradiction!

Attention, tout n'est pas à jeter, parfois vous pouvez être complètement d'accord avec l'opinion dominante et ce n'est pas grave! Il s'agit juste de faire un pas de côté et de se poser la question de temps en temps : « Ok, mais est-ce que je suis vraiment d'accord avec ça ? » L'idée n'est pas d'avoir l'esprit de contradiction. L'important, c'est de remettre vos croyances en question, surtout si elles vous freinent, vous emprisonnent et si vous sentez qu'elles ne sont pas en accord avec celle que vous voulez être, pour vous en libérer.

Osez prendre position

Pas toujours facile d'avoir le courage de ses convictions. Mais on peut s'entraîner. Prenez une polémique du moment, voyez ce que tout le monde en pense autour de vous et osez émettre un avis contraire (si vous en êtes convaincue, bien sûr) ou nuancez juste les propos. Si vous ne voulez pas le faire en public, entraînez-vous sur une feuille de papier. C'est un peu le principe de l'avocat du diable, sauf qu'ici vous défendez vos propres convictions.

Fuyez la comparaison

« XO XO, gossip girl! »

Se comparer, colporter des potins, « bitcher » gentiment sur des célébrités ou même les copines (alors qu'on les adore), on le fait presque toutes, c'est humain. Est-ce que l'herbe est plus verte ailleurs ? Pourquoi ma copine y arrive et pas moi ?...

On accorde beaucoup trop d'importance à la vie des autres dont, en vrai, on ne sait rien d'autre que ce qu'ils veulent bien en montrer. À force de se comparer aux autres, on entretient le flou sur ce qu'on veut, sur qui on est vraiment. On finit par penser qu'on n'en a jamais assez (que la voisine) et à en vouloir toujours plus.

> «Tout ce qui nous irrite chez les autres peut contribuer à mieux nous connaître.»
> Carl Gustav Jung

Les autres sont un miroir de nous-même

On apprend aussi à se libérer des jugements qu'on porte sur les autres. Le mal qu'on dit de notre entourage, les reproches qu'on leur fait en disent long sur ce qu'on pense de soi. Nos jugements, nos reproches envers les autres sont souvent des défauts qu'on ne veut pas accepter chez nous.

Il existe une comparaison super productive

L'empowerment, ce n'est pas vouloir être «meilleure que quelqu'un d'autre», mais viser à être la meilleure version de soi-même. La seule comparaison productive et positive est de se comparer à son moi d'avant. Pour prendre conscience du chemin parcouru et voir celui qu'il reste à accomplir. En pratique? Chaque année, posez-vous pour faire un petit bilan : regardez ce que vous avez accompli et félicitez-vous pour vos progrès, vos réussites. Repérez ce que vous voulez cultiver dans votre vie et boostez-vous pour l'obtenir avec des challenges, des défis (positifs, motivants et ludiques, pas plombants et stressants!). Le but? Ne pas faire mieux que les autres mais encore mieux que l'année précédente. Mais bon, ça, c'est si l'esprit de compétition vous booste, sinon, vous pouvez aussi vous lâcher la grappe et ne vous comparer à personne, même pas à vous-même.

Jouez-vous un rôle?

On joue toutes plus ou moins des rôles différents tout au long de la journée (et de la vie) : fille, sœur, collègue, amie, amante, employée ou élève, cliente, patiente, etc., mais durant ces interactions avec les autres, arrivez-vous toujours à rester vous-même ou est-ce que vous adaptez un peu trop votre personnalité à la situation ou à la personne en face de vous?

Portez-vous un masque?

Par exemple, un masque qui vous évite de vous montrer telle que vous êtes, vulnérable et imparfaite? Si oui, lequel? Celui de la bonne copine, de la Wonder woman, du bout-en train, de la GO qui met l'ambiance et organise tout? Osez-vous vous montrer aux autres telle que vous êtes ou cherchez-vous à cacher vos failles derrière un de ces masques?

Par exemple, faites-vous souvent des blagues, de l'autodérision pour cacher votre grande sensibilité ou une mauvaise image de vous ? Ce n'est pas grave en soi mais en prendre conscience aide à mieux se connaître.

Mini-test : êtes-vous une « people pleaser » ?

Cette expression anglaise n'est pas vraiment traduisible mais, dans l'idée, il s'agit de vouloir faire plaisir à tout le monde et d'être aimée de tous (ce qui est épuisant et impossible car on ne peut pas être tout et son contraire).

Cochez les affirmations dans lesquelles vous vous reconnaissez :

- ❑ Je fais souvent semblant d'être d'accord avec mon interlocuteur.
- ❑ Je passe mon temps à m'excuser.
- ❑ J'ai du mal à dire non.
- ❑ Je me sens super mal si quelqu'un ne m'aime pas, même si cette personne n'a pas vraiment d'importance dans ma vie.
- ❑ Je déteste les conflits.
- ❑ J'ai du mal à exprimer ce que je ressens.

Vous avez coché plus de 3 affirmations ?

Vous avez une petite tendance à vouloir faire plaisir à tout le monde, ce qui peut, à terme, vous déconnecter de votre personnalité. La meilleure façon de sortir de ce rôle de « people pleaser » pour oser être vraiment vous-même est de vous affirmer ! Entraînez-vous à dire non de temps en temps, sans crainte d'être rejetée et en exprimant ce que vous ressentez aux autres, surtout quand vous estimez qu'ils vous ont fait du mal.

Jeu de piste pour découvrir qui vous êtes vraiment

Mais alors, si vous n'êtes pas tout ce qu'on a vu plus haut, qui êtes-vous ? Découvrez maintenant quelles sont vos qualités et vos valeurs afin d'y voir plus clair sur votre personnalité. Cela vous sera super utile pour répondre ensuite aux 2 questions hyper importantes de l'ikigai : « ce que j'aime » et « ce pour quoi je suis douée ». Pas d'ego trip ici : ne vous inquiétez pas, vouloir vous connaître ne fera pas de vous une vilaine narcissique. Pourquoi ? Parce que plus on est soi-même, plus on peut être reliée aux autres.

Être jalouse permet de découvrir ses envies

La jalousie est un vilain défaut et… une bonne conseillère !

Ok, on a vu plus haut que se comparer était contre-productif et que la jalousie était un vilain défaut qui peut nous pourrir l'existence. Pas question de cultiver ce sentiment pas franchement épanouissant, oui, mais voilà, quitte à la ressentir (ça arrive !), autant en faire quelque chose de positif, non ? Eh oui, c'est possible. Tout d'abord, prenez vraiment conscience du fait que vous êtes envieuse de quelqu'un, car on a parfois du mal à se l'avouer. Ensuite, ne culpabilisez pas, ce sentiment est humain, mais apprenez à le tourner à votre avantage.

« Dis-moi qui tu envies et je te dirai tes envies ! »

Il vous arrive parfois d'être un peu envieuse du succès des autres ? Au lieu de culpabiliser de ce sentiment un peu honteux, prenez-le comme un indice : cette jalousie peut vous en dire beaucoup sur la personne que vous aimeriez être. Elle permet de mettre le doigt sur vos manques et vos frustrations, et mieux vaut les regarder en face si vous ne voulez pas qu'ils vous reviennent plus tard comme un boomerang. Quand on envie quelqu'un, c'est souvent qu'on aimerait avoir ce qu'il a, ou être un peu ce qu'il est. Bref, ça nous donne une piste très précieuse pour découvrir notre potentiel inexploité.

Exemple : vous êtes jalouse de cette amie qui a créé un blog à succès, écrit des livres et donne des conférences. Alors que vous, vous stagnez dans un boulot que vous n'aimez plus. Qu'est-ce que ça dit de vous, à votre avis ? Que vous êtes aigrie et bonne à rien ? Ou qu'au fond de vous, vous avez un désir profond de changer de job et de vous accomplir en utilisant toutes vos capacités comme cette fille semble le faire ?

C'est l'heure de vérité ! Qui enviez-vous ? Notez ici la (ou les) personne(s) que vous enviez. Puis, en face, notez pourquoi : expliquez ce que vous pensez que ces personnes vivent et dont vous voudriez vous aussi faire l'expérience.

Enfin, posez-vous la question de savoir **quelle action vous pouvez enclencher** dès maintenant pour commencer à vivre ces expériences ?

....

....

....

....

....

L'admiration, une piste pour découvrir vos valeurs

Pas facile de déterminer quelles sont ses valeurs, on l'a vu dans le chapitre précédent. Pourtant, bien les connaître est très précieux pour trouver son ikigai. Quand on a identifié ses valeurs, on sait pourquoi on fait les choses, on possède une petite boussole intérieure qui nous aide à prendre les bonnes décisions et à rester fidèle à nous-même en toutes circonstances. Les personnes qu'on admire peuvent nous éclairer sur ces valeurs qui sommeillent en nous, celles qui nous définissent déjà et celles auxquelles on aspire. L'admiration est puissante : c'est un sentiment agréable qui va souvent de pair avec l'inspiration et qui nous pousse à nous dépasser.

Qui admirez-vous, qui vous inspire ? Pourquoi ?
Choisissez 3 personnes que vous admirez. Préférez des personnages fictifs (romans, films…) ou des figures historiques, si possible. Vous pouvez aussi choisir des personnes vivantes, même si le phénomène d'identification est un peu différent.
Notez pour chacune de ces 3 personnes 3 valeurs, forces de caractère ou qualités que vous admirez chez elles.

....

....

....

....

Faites ici la synthèse des valeurs et qualités que vous avez découvertes grâce à cet exercice. Et gardez-les précieusement : cette liste vous sera hyper utile pour répondre aux cercles de l'ikigai dans le prochain chapitre. Vos qualités vont vous aider à déterminer « ce pour quoi vous êtes douée » et vos valeurs vont jouer un rôle dans le cercle « ce dont le monde a besoin » car elles reflètent votre essence, ce qui vous tient vraiment à cœur, ce que vous avez envie de transmettre, de partager.

Les valeurs et les qualités que j'estime :

....

....

....

....

....

....

....

....

Aidez-vous de votre entourage pour débusquer vos qualités !

L'exercice précédent vous a peut-être aidée à débusquer, en plus de vos valeurs, quelques qualités que vous souhaiteriez développer. Et si vous découvriez maintenant les qualités qui sont déjà en vous ? Vous en aurez bien besoin dans le prochain chapitre pour remplir le cercle « ce pour quoi je suis douée ». Autant il est important de se détacher du regard des autres pour être vraiment soi, autant demander à des personnes de confiance quelles sont nos qualités peut nous aider à gagner en clarté sur nos atouts quand on est un peu dans le flou. Si on vous demande d'écrire, là maintenant, 5 de vos qualités, vous allez peut-être avoir du mal à les donner sans réfléchir, ou bien vous allez vous la jouer un peu modeste et vous sous-estimer (ou vous surestimer, selon votre personnalité). Et si vous demandiez un petit feedback à vos proches pour vous mettre sur la piste ?

Le mail à un ami…
Le but de cet exercice ? Créer un petit portrait-robot de votre personnalité.
Choisissez des personnes dont vous êtes vraiment proche, dont vous pensez qu'elles vous connaissent bien et pourront répondre sincèrement et honnêtement par mail à ces 4 questions :

- *Quand tu penses à moi, quelle est la qualité qui te vient tout de suite à l'esprit ?*
- *Quels sont pour toi les traits de personnalité et attitudes qui me caractérisent ?*
- *Y a-t-il quelque chose qui t'inspire chez moi ?*
- *En tant qu'amie, tu sais que tu peux compter pour moi pour…*

Multipliez les sources (si possible) et repérez les qualités qui reviennent souvent dans les réponses de votre entourage.

Notez-les ici :

....

....

....

....

....

....

....

....

....

Acceptez et apprivoisez vos émotions

Nos émotions sont notre boussole intérieure

Il faut savoir les écouter ! En se connectant à ce qu'on ressent, on peut obtenir des informations essentielles sur ce qui compte vraiment pour nous. Nos émotions en disent long sur nous et sur notre ikigai. La joie et l'émerveillement sont l'essence même de l'ikigai, ils nous mettent sur la piste de ce qu'on aime faire, tout comme la productivité, qui est peut-être le signe qu'on entre en état de flow (voir p. 11), qu'on fait quelque chose qui nous passionne. On ressent souvent de la fierté quand on fait ce pour quoi on est douée, de la sérénité quand on se sent à sa place, non polluée par les soucis (on sait comment on va être payée, par exemple) et que tout s'imbrique bien (on est alignée). À l'inverse, la tristesse, l'angoisse, la colère, la confusion peuvent nous renseigner, voire nous alerter sur un conflit qui se trame en nous et qui nous coupe de notre ikigai : est-ce qu'on fait quelque chose en ce moment qui n'est pas en phase avec nos valeurs, est-ce qu'on a renoncé à ce qui nous met en joie par confort ou contrainte ? La confusion est aussi le signe que notre ikigai n'est pas encore très clair, il nous manque cette boussole pour nous indiquer le chemin. Prête à partir à la découverte de vos émotions ?

Je trouve l'inspiration avec l'ikebana

L'ikebana est un art traditionnel japonais d'arrangement floral qui consiste à reproduire une émotion en bouquet. Inspirez-vous de cet art ancestral et poétique pour faire connaissance avec vos émotions. Prenez un crayon ou un feutre et coloriez les 7 pétales de la fleur illustrée page suivante. Chaque couleur correspond à une émotion.

La légende

Jaune pour la joie
Vert pour la sérénité
Orange pour la productivité
Rouge pour la colère
Rose pour l'émerveillement
Bleu pour la fierté
Marron pour la confusion
Gris pour la tristesse
Noir pour l'angoisse

Puis, chaque jour pendant une semaine, coloriez un pétale avec la couleur de l'émotion qui a dominé votre journée.

L'exercice vous a plu ? Vous pouvez le faire pendant un mois en vous inspirant des addicts au Bullet Journal® qui proposent sur la Toile des modèles de « mood mandalas » à colorier. Pour aller plus loin, notez sur votre carnet, en face de votre mandala, ce qui vous a procuré les émotions les plus positives pour en prendre conscience et les cultiver : elles vous donneront de précieux indices sur votre ikigai.

Maintenant que vous y voyez plus clair sur vos qualités, vos valeurs, vos émotions, votre personnalité, avez-vous encore des doutes, des freins qui vous empêchent d'être pleinement vous-même et d'avancer vers votre ikigai ? Est-ce que vous avez vraiment déployé votre plein potentiel ? Et, surtout, est-ce que vous vous y autorisez ?

Osez briller et déployer votre plein potentiel !

Il y a celle que vous n'êtes pas (ou plus), celle que vous êtes (là maintenant) et puis, il y a celle que vous pouvez être ! Notre ikigai ne demande qu'à sortir, à briller, à nous embraser, mais parfois on ne le laisse pas faire. Forces obscures, démons, dark side de l'ikigai…, on les dégomme pour enfin rayonner ! En faisant face à vos freins psychologiques, vous allez enfin découvrir votre potentiel caché et oser prendre votre place dans le monde. Ça vous tente ?

Dépassez le syndrome de l'imposteur

J'ose me sentir légitime

Le «syndrome de l'imposteur», ça vous parle? Et cette petite voix en vous qui tente systématiquement d'amoindrir chacun de vos accomplissements personnels et ne vous rend jamais responsable de vos réussites, ça vous dit quelque chose? Vous doutez en permanence de vos capacités et ne comprenez pas vraiment pourquoi les autres persistent à voir en vous quelqu'un de talentueux.

Perfectionnisme ou procrastination?

Face au syndrome de l'imposteur, il y a deux façons de réagir. On peut se retrousser les manches et vouloir en faire toujours plus en mode perfectionniste. Dans ce cas, on se dira qu'on aurait pu faire mieux. Ou alors on choisit d'en faire le moins possible et on procrastine un max pour tout finir à l'arrache, dans l'urgence. Et si, par miracle, on réussit, on pourra mettre tout ça sur le dos de la chance. En fait, c'est pratique, ça nous conforte dans l'idée qu'on est assez médiocre dans les deux cas.

Scoop : les gens qui vous félicitent ne sont pas bêtes à manger du foin!

D'un côté, vous pensez que les autres sont bien plus talentueux que vous et feraient beaucoup mieux à votre place; de l'autre, si ces mêmes personnes se mettent à vous complimenter, vous féliciter, vous engager ou vous admirer... vous ne les croyez pas. Et s'ils vous critiquent? Ça vous conforte dans votre opinion que vous n'êtes pas à la hauteur. Entraînez-vous à accepter les compliments sans tout le temps les remettre en question et acceptez les critiques comme des pistes d'amélioration.

J'assume ma réussite!

Rassurez-vous, si vous avez peur de vous «la péter», c'est probablement que vous en êtes loin. La fierté est un sentiment de satisfaction intérieure très agréable : ne vous en privez pas! Accordez-vous le droit de ressentir de la fierté (bien placée) de temps et en temps. Comment? En célébrant vos victoires (resto entre copines, spa...)!

Vive l'échec !

Le but ne doit pas être le succès, sinon c'est voué à l'échec

Le but de toute action doit avant tout être l'expérience en elle-même, la joie qu'elle nous procure et la curiosité d'en apprendre plus sur nous en chemin. Pas la réussite à tout prix. Il ne faut pas fuir l'échec et il ne faut pas en avoir honte. Au contraire, il faut oser s'y confronter : plus vous vivrez d'échecs, plus cela indique votre courage d'être dans l'action, et que vous ne choisissez pas la solution de facilité : vous pouvez donc en être fière ! Si vous voyez l'échec comme une expérience qui vous permettra d'en apprendre sur vous, vous en aurez aussi beaucoup moins peur. L'échec vous renseigne sur votre ikigai : vous avez tenté, échoué et vous avez tout de suite envie de persévérer, de recommencer, de mieux faire, impossible d'abandonner ? C'est que ça vous tenait vraiment à cœur et que votre ikigai n'est pas loin. Au contraire, vous avez tout de suite envie de passer à autre chose, sans avoir l'impression de rater grand-chose ? C'est que ça n'était pas en accord avec votre ikigai, ça ne vous animait pas assez pour que vous vous retroussiez les manches et retentiez.

On ne perd jamais : soit on gagne, soit on apprend !

Il y a deux sortes d'échecs : faire toujours les mêmes erreurs et n'en tirer aucune leçon ou ne rien oser par peur de l'échec : c'est tout. Tenter, oser, c'est faire preuve de courage et ne pas vivre avec des regrets ou un sentiment d'inachevé : quand on se lance, on est toujours gagnante.

Un échec ne remet pas en cause toute votre personne !

Ok, vous vous êtes plantée, mais ça ne veut pas dire que vous êtes nulle. Vous pouvez remettre en question certains choix, attitudes ou comportements qui vous ont amenée à cet échec, mais pas toute votre personne ! Comment vous en persuader ? En examinant très attentivement et objectivement les causes de votre échec. Étiez-vous mal préparée, par exemple ? En réfléchissant à ce que vous auriez pu faire autrement, vous mettrez toutes les chances de votre côté pour réussir une prochaine fois. Ne laissez pas non plus un échec remettre en cause vos réussites passées. Quand vous vous dévalorisez après avoir échoué, rappelez-vous tout ce que vous avez accompli de vraiment chouette jusqu'ici : ça devrait rebooster votre confiance en berne.

Quelle est la pire chose qui pourrait vous arriver ?

La peur d'échouer vous paralyse toujours ? Demandez-vous ce qui pourrait arriver de pire si vous osiez vous lancer. En écrivant ce scénario du pire, il y a des chances que vous vous rendiez

compte qu'il n'est pas si terrible que ça. Vous le trouvez toujours aussi terrifiant et ce scénario du pire vous empêche encore d'agir? Réfléchissez en notant sur une feuille de papier tout ce que vous pourriez faire, dans ce cas, pour régler la situation ou minimiser ses conséquences.

Je persévère!

Échouer une fois et ne plus rien tenter après n'est pas suffisant. Plus vous serez confrontée à l'échec, moins il vous fera peur. Le vrai mode warrior pour se dépasser et découvrir son potentiel caché, c'est de continuer à tenter des choses même après un (ou plusieurs!) échec cuisant.

Je sors de ma zone de confort

Une fois la peur de l'échec et le syndrome de l'imposteur dégommés, vous voilà fin prête à enfin sortir de votre zone de confort pour aller là où la magie opère, où votre potentiel fait des étincelles et où votre ikigai se niche! Pour ça, vous allez convoquer 2 super qualités : l'audace et le courage!

Les pièges de la routine

La zone de confort, c'est tout simplement ce qu'on connaît bien, ce qu'on sait faire, ce dont on a l'habitude. Cette petite routine perso nous rassure, elle nous évite de nous mettre en permanence en danger et nous apporte un peu de répit. Oui mais… être confortable ne veut pas forcément dire être heureuse et sereine. On peut avoir l'habitude de prendre tous les jours le métro aux heures de pointe : c'est notre zone de confort, et pourtant, ce n'est pas hyper confortable. Alors, pourquoi ne pas tenter d'aller au boulot à vélo? Bah… On peut aussi rester dans une relation ou un job qui ne nous épanouissent plus, parce que c'est toujours plus «confortable» que de se retrouver seule ou de refaire des CV et passer des entretiens d'embauche. Au moins, dans cette zone, pas de mauvaises surprises! Oui, mais pas de bonnes surprises non plus, et ça, c'est super dommage.

La zone d'apprentissage

Heureusement, on ne passe pas tout le temps notre vie coincée dans notre zone de confort. Régulièrement, on met un petit orteil dehors pour apprendre de nouvelles choses et vivre de nouvelles expériences. On lit des bouquins (sur l'ikigai), on suit des mooc (*massive open online course*, ou cours en ligne), on apprend une langue étrangère, on arpente les musées, on fait de chouettes voyages… C'est top, c'est nouveau.

Mais bon, quand on y réfléchit, on a déjà pris des cours de langues, on a déjà fait des voyages : c'est la nouveauté, mais sans la mise en danger, ça ne nous paraît pas insurmontable.

La zone de l'inconnu : là où la magie opère

Au-delà de cette zone d'apprentissage, il y a la zone magique ! Et il y a quoi là-bas ? On ne sait pas, on n'y est encore jamais allée. C'est plutôt flippant et, pour le moment, ce serait plutôt notre zone de panique. D'ailleurs, pas mal de gens (coincés dans leur zone de confort) vont essayer de vous empêcher d'y aller et vont vous faire peur avec leurs idées reçues sur la question (ça tombe bien, on a appris plus haut à les remettre en question !). Pourquoi cette zone de magie est-elle aussi flippante ? Car c'est l'inconnu. On ne sait pas ce qu'on va y trouver, et surtout on ne sait pas du tout comment on va s'y comporter : est-ce qu'on va réussir, est-ce qu'on va le regretter ?

Quitter son CDI douillet pour monter sa boîte ou faire un tour du monde en solo sont de bons exemples : on ne peut pas prévoir avec exactitude comment ça va se passer.

Oui mais voilà, tout ce qui est top et sort de l'ordinaire va avec une part d'inconfort. Pourquoi ? Parce que l'inconfort, c'est la vie ! On ne dit pas qu'il est facile de sortir de sa zone de confort, mais le sentiment de fierté et d'accomplissement à la clé vaut tous les efforts entrepris.

Je multiplie les premières fois !

Allez, on quitte ses pantoufles en ciment pour partir à l'aventure en terre inconnue ! Comment ? En multipliant les premières fois. Bon, vous n'êtes pas obligée de commencer tout de suite par un saut en parachute non plus (sauf si ça vous tente à fond !). Pour vous motiver, réfléchissez à toutes ces premières fois que vous avez déjà vécues : votre vie aurait sacrément moins de saveur si vous n'aviez pas osé prendre le risque de ces découvertes, non ?

Je note ici les premières fois que j'ai envie de vivre cette semaine...

....

....

....

....

Je fais preuve de courage!

Rappelez-vous que le courage, ce n'est pas d'avoir peur mais d'agir malgré la peur. La peur peut être un frein mais elle peut être aussi un moteur, si on fait preuve de courage. À vous de choisir d'en faire une force : you can do it!

Écrivez le pitch de la série TV de votre vie!

Vous avez beaucoup réfléchi sur vous tout au long de ce chapitre, et grâce à cette introspection, vous devez maintenant y voir un peu plus clair sur votre personnalité. C'est le moment de faire le point avec ce petit exercice ludique. Le but? Réaliser votre frise de vie, mais pas barbante. Pourquoi? Pour vous permettre de prendre du recul sur votre histoire, de voir tout le chemin parcouru jusqu'ici pour ensuite mieux vous projeter dans votre ikigai.

Vous êtes la scénariste de votre vie

L'idée? Décrivez-vous en 3 lignes max, comme vous décririez un personnage de série TV. Par exemple, Monica de Friends : «Monica est une jeune femme brune trentenaire qui a été obèse pendant son enfance et son adolescence. Obsédée par l'ordre et la propreté, c'est une cuisinière hors pair, elle en a d'ailleurs fait son métier, qu'elle adore. Toujours prête à recevoir, à écouter et à donner de bons conseils, Monica a bon cœur et est une amie un peu "mère poule".»

....

....

....

....

....

....

....

....

....

Faites la même chose en parlant de vous, à la troisième personne. Ça va vous pousser à réfléchir vraiment à votre personnalité et à découvrir la façon dont vous vous voyez vraiment. Soyez honnête mais bienveillante dans votre description.

« Previously », dans ma vie...

Récap des premières saisons

Que s'est-il passé précédemment dans votre vie ? Saison 1, saison 2, saison 3… Notez pour chacune des 3 premières saisons de votre vie (enfance, adolescence et âge adulte) **votre best of des épisodes marquants** : il s'agit de vos fiertés, grandes joies et petits plaisirs, de vos rencontres déterminantes, des grandes décisions qui vous ont façonnée et de vos succès. Le but ? Vous faire prendre conscience de tout ce que vous avez déjà accompli !

Puis, posez-vous la question : « **Y a-t-il des scènes que j'aurais aimé couper au montage ?** » Il s'agit de vos échecs, de vos doutes, des aléas de la vie, des rencontres pas top. Le but ici n'est surtout pas de vous auto-flageller ou de ressasser les mauvais souvenirs mais de regarder en face ce dont vous êtes moins fière afin d'en tirer des leçons pour l'avenir. Ces moments vous ont aussi façonnée et les mettre sous le tapis vous couperait d'une partie importante de vous-même. Et puis, un personnage à qui il n'arrive que des trucs super cool, ce serait un peu barbant à la longue, non ?

Saison 1 – Mon enfance

Les meilleurs épisodes :

Quelles scènes j'aurais aimé couper au montage ? Pourquoi ?

Saison 2 – Mon adolescence

Les meilleurs épisodes :

....

....

....

....

....

Quelles scènes j'aurais aimé couper au montage ? Pourquoi ?

....

....

....

....

....

....

Saison 3 – Le début de ma vie d'adulte

Les meilleurs épisodes :

....

....

....

....

....

....

Quelles scènes j'aurais aimé couper au montage ? Pourquoi ?

....

....

....

....

....

....

Votre série cartonne…

Forcément, votre vie est fascinante (hé hé!) : vous rempilez pour 5 saisons supplémentaires, yeah! Et maintenant, à vous de pitcher les 5 prochaines saisons aux producteurs de Netflix (ouais carrément!).

Alors, qu'arrive-t-il ensuite à cette (super) héroïne qui a déployé ses ailes? Quels choix va-t-elle faire, quel chemin va-t-elle suivre, quelles aventures exaltantes va-t-elle vivre? Quel job fait-elle? Où vit-elle? Avec qui? Ne vous censurez pas, autorisez-vous à rêver en grand, en mode Hollywood! Posez-vous au calme et écrivez d'une traite ce qui vous passe par la tête.

(En)fin prête à découvrir votre ikigai!

On approche du but! Dans ce chapitre, vous êtes partie à la rencontre de qui vous étiez vraiment, vous avez fait une plongée au cœur de votre véritable personnalité et vous avez commencé à percevoir qui vous pourriez être si vous déployiez votre plein potentiel. Ce n'était pas la partie la plus simple de la quête, mais elle était essentielle pour trouver votre ikigai.

Avec toutes ces infos précieuses en poche, vous voilà désormais prête à découvrir votre mission de vie (et pas celle d'une autre) grâce aux cercles de l'ikigai, dont vous avez eu une petite preview dans le chapitre 1. Vous avez hâte?

Chapitre 3

Je remplis les cercles de l'ikigai

Mon premier est « ce que j'aime », mon deuxième est « ce pour quoi je suis douée », mon troisième est « ce pour quoi je peux être payée », mon quatrième est « ce dont le monde a besoin », mon tout est ? L'ikigai ! Nous y voilà ! C'est le moment de répondre aux 4 questions de l'ikigai pour découvrir votre passion, votre mission, votre profession et votre vocation. Bref, la vie qui vous correspond. Une fois que vous les aurez débusquées, votre ikigai vous apparaîtra clairement. Oui mais voilà, il ne s'agit pas de répondre à ces 4 question à la va-vite. Pour que ces réponses soient justes, un petit temps d'introspection est encore nécessaire. Le but ? Obtenir une réponse qui vous ressemble, à laquelle vous adhérez totalement et qui reflète vraiment la vie qui est faite pour vous.

Posez-vous dans un endroit calme, faites en sorte de ne pas être dérangée, prenez votre stylo et une grande inspiration. Vous êtes prête ? La partie va commencer, et à ce jeu-là, pas de perdante : à la fin du chapitre, votre ikigai vous attend !

Le diagramme de l'ikigai

Il est là : le diagramme qui synthétise la méthode pour découvrir votre ikigai et sur lequel, cette fois, vous allez pouvoir noter tous vos résultats au fur et à mesure. On va prendre le temps ici de décortiquer ces cercles un par un pour trouver ce qui les lie entre eux, leur harmonie, c'est-à-dire votre ikigai.

Un jeu de piste en cercles

Chacun des 4 grands cercles représente un des 4 piliers de l'ikigai. Première étape : remplir les cercles. Une fois les 4 grands cercles remplis, on se concentre sur les combinaisons « ikigagnantes » : on remplit les intersections des cercles en cherchant les points communs et les combinaisons.

La méthode ? C'est vous qui choisissez ! Un seul mot, une tartine, une liste, une idée vague, un point très précis… Notez tout ce qui vous passe par la tête, comme ça vous vient, surtout dans les grands cercles : lâchez-vous. Si vous avez plusieurs idées qui n'ont *a priori* rien à voir entre elles, ne vous censurez pas. Vous ferez le lien ensuite. Pas de panique : pour vous éviter de vous éparpiller, on a décortiqué pour chaque cercle les (bonnes) questions à vous poser pour obtenir des réponses claires et pertinentes. Une fois les grands cercles remplis, vient l'étape intermédiaire, plus difficile, de les lier entre eux, deux par deux, de noter leurs points communs pour découvrir votre passion, votre mission, votre profession, votre vocation. Dans ces cases-là, à l'intersection de 2 cercles, soyez plus précise : ça tombe bien, vous aurez moins de place pour écrire, ce qui vous poussera à aller à l'essentiel. Pour certaines, ce sera une évidence ; pour d'autres, il va falloir se creuser la tête, et c'est normal ! Ça ne vous empêchera pas de trouver votre ikigai ! L'essentiel est de bien réfléchir sur les 4 premiers cercles et de repérer le fil rouge entre ces 4 piliers, car là est votre ikigai : le reste, c'est du bonus (hyper enrichissant certes, mais bonus quand même !). Il vous manque un cercle ? On vous dévoilera aussi ce que ça veut dire pour vous et comment réussir à le compléter pour vivre pleinement votre ikigai. C'est parti !

Cercle n° 1 : ce que j'aime

Au fil de la lecture de ce chapitre, remplissez le schéma ci-contre.

J'identifie mes goûts, mes hobbys et mes centres d'intérêt

Le but est de définir ce qui vous procure du plaisir, vous rend curieuse, vous stimule, vous inspire, vous amuse… bref, ce qui vous rend heureuse ! Pourquoi ? Pour vous mettre sur la piste de votre véritable passion. C'est le cercle de la joie de vivre, une composante essentielle de l'ikigai (voir p. 9).

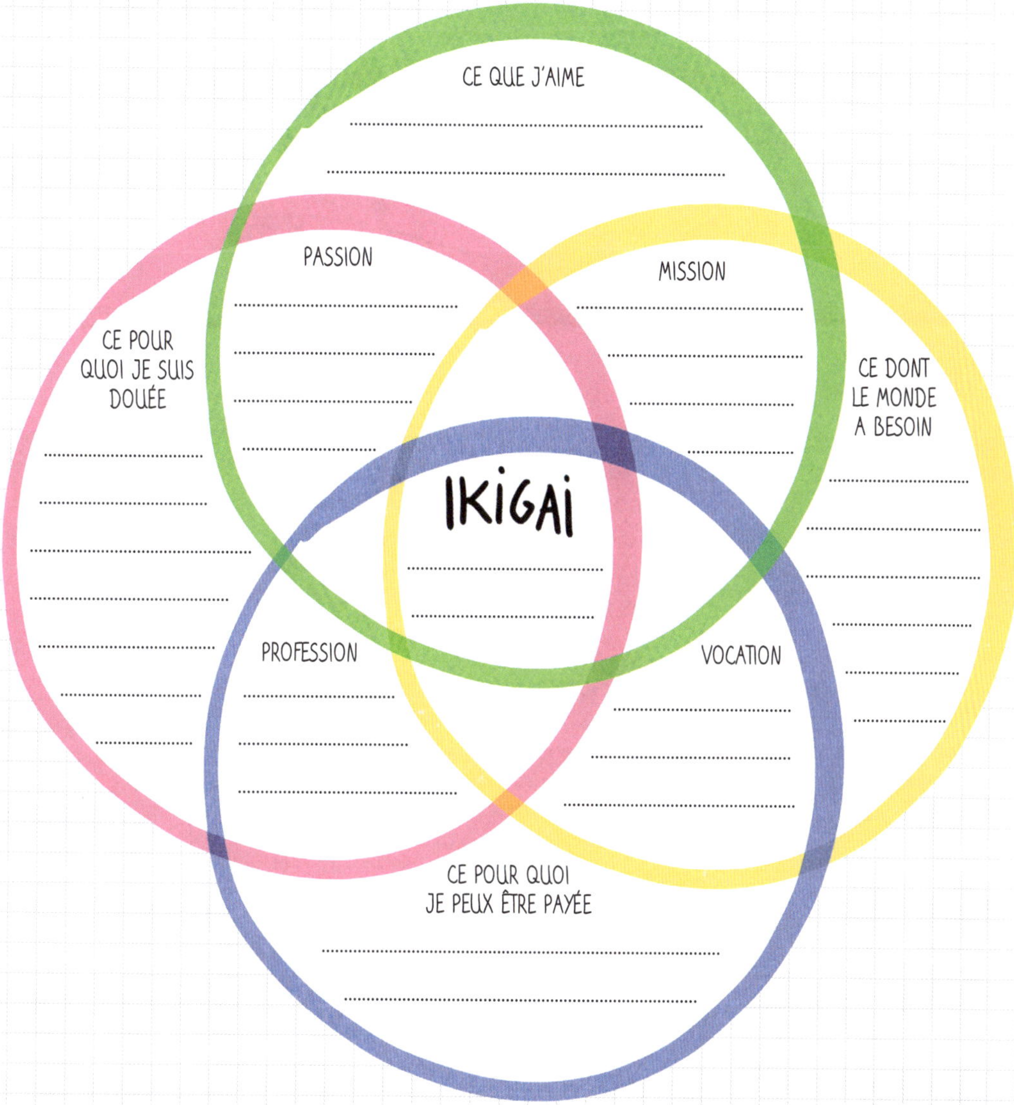
CE QUE J'AIME
PASSION
MISSION
CE POUR QUOI JE SUIS DOUÉE
CE DONT LE MONDE A BESOIN
IKIGAI
PROFESSION
VOCATION
CE POUR QUOI JE PEUX ÊTRE PAYÉE

Vous n'avez pas de passion qui vous anime ?

Vous n'êtes pas la seule ! Une grande majorité de gens (environ 80 %) n'a pas de passion identifiée : ne vous mettez pas la pression pour la trouver tout de suite. Commencez par débroussailler le terrain en trouvant des points communs à toutes les activités qui vous mettent en joie.

Vous avez déjà une passion bien identifiée ?

N'hésitez pas à vous prêter au jeu en mettant de côté cette passion évidente, vous pourriez peut-être en trouver d'autres (une passion peut en cacher une autre !). Passez en mode « exploration » et amusez-vous à répondre à ces différentes questions, sans trop réfléchir !

Qu'est-ce qui me saoule ?

Avant de commencer à penser à ce que vous aimez vraiment, prenez un (petit) temps pour écrire ce que vous n'aimez pas du tout. Notez ici tout ce qui vous passe par la tête, mais si possible en un mot (verbe, nom) ou une expression, pour plus de clarté. Identifier ce qui vous ennuie est souvent plus facile (surtout si vous avez une petite tendance à râler !). C'est aussi une bonne piste pour trouver ce que vous aimez, par élimination.
Piochez des idées dans votre domaine professionnel, personnel et dans les tâches du quotidien.

Je note ici ce qui me saoule.

Exemple : *je n'aime pas courir, compter, faire le ménage…*

Y a-t-il un point commun à toutes ces activités que vous trouvez vraiment barbantes ?

Si oui, notez-le ici :

Quel est l'exact opposé de ce point commun ?

Par exemple : si plus haut vous avez noté comme point commun : « les contraintes », vous pouvez noter ici : la liberté, la créativité, l'indépendance.

....

J'attise ma curiosité

Dis-moi ce qui titille ta curiosité, je te dirai ce qui te passionne !

Quels sont mes livre et film préférés ?

Mon livre préféré : ....

Mon film préféré : ....

Ce que ça dit en filigrane de mes goûts :

....

....

....

Maintenant, imaginez votre œuvre…

On vous propose d'écrire un livre sur un sujet pratique ou historique ou de réaliser un documentaire, un reportage, un mémoire… Sur quel sujet votre œuvre portera-t-elle ? Quelle serait la thématique qui vous intriguerait assez pour que vous ayez plaisir à fouiller, faire des recherches, à y passer tout votre temps ? Vous pouvez en lister plusieurs. Il est important que les recherches sur ce sujet vous inspirent, vous apportent quelque chose d'important au niveau personnel, intellectuel, émotionnel, c'est-à-dire plus qu'un bon diplôme, une ligne sur votre CV ou la reconnaissance.

....

....

....

....

....

Je trouve mes activités favorites

Faites la liste de tout ce que vous aimez faire actuellement (vous n'avez pas besoin que ce soit une véritable passion). Lâchez-vous, vous pouvez en indiquer 20, voire 100, si ça vous chante. Qu'est-ce qui vous amuse, vous met en joie, vous inspire, vous fait du bien, vous apaise, vous fait rire… ? Lancez-vous sans trop réfléchir !

Parmi cette liste, identifiez la ou les activité(s) (maximum 3) qui peuvent vous mettre en état de flow (voir chapitre 1) :

Identifiez ensuite la ou les activité(s) dont vous êtes prête à accepter les aspects les plus désagréables, si vous deviez vous y consacrer pleinement.
Qu'est-ce que vous aimez tellement que cette passion serait plus forte que les contraintes ? Exemple : un écrivain accepte que sa passion pour l'écriture l'oblige à mener une vie un peu solitaire.

Fouillez sur vos réseaux sociaux ! Qu'aimez-vous partager avec les autres ?
Scrollez votre fil Instagram, épluchez votre feed Facebook, scrutez vos tweets… Qu'est-ce qui revient le plus souvent ? Sur Insta, vous photographiez plutôt vos plats, la nature, les gens (vous et vos amis) ? Quel type d'articles partagez-vous le plus sur Twitter & Facebook ? Que racontent vos stories ? Vos partages disent quelque chose de vos goûts et de vos passions ! Peut-être que vous avez une passion pour la cuisine, les paysages ?

Je découvre mes passions dormantes

Le but ? Découvrir vos passions cachées, celles qui sommeillent en vous, soit que vous ne vous autorisez pas à les vivre, soit que vous les avez oubliées ou même carrément que vous n'y avez jamais pensé jusqu'ici !

Reconnectez-vous à vos joies d'enfant ! À quoi occupiez-vous vos journées quand vous étiez enfant, quelles étaient vos activités favorites ? Celles qui vous mettaient en joie ?

Qu'est-ce qui vous chamboule ? Notez ici quelque chose de vraiment beau, agréable, qui vous a déjà émue aux larmes.

La liste de mes envies

Notez ici les expériences que vous n'avez jamais osé tenter jusque-là et dont vous rêvez secrètement :

Gardez précieusement cette liste, elle vous servira pour établir votre bucket list (voir p. 90) !

Le fil rouge du cercle n° 1

Quel est le fil rouge, le point commun, le mot-clé, l'évidence qui se dégage de vos réponses ? **Notez ici l'activité, le domaine, l'univers n° 1 qui vous anime et que vous souhaitez cultiver.** Si vous en avez plusieurs *ex aequo*, notez-les tous en essayant de les classer par ordre d'importance.

Ce que j'aime particulièrement, c'est :

....

....

→ Reportez votre réponse sur le diagramme p. 55, dans le cercle « ce que j'aime ».

Cercle n° 2 : ce pour quoi je suis douée

Je débusque mes talents !

Le but est d'identifier maintenant vos compétences, facilités et accomplissements, ce qui vous rend fière, ce qui vous permet de vous sentir vraiment à votre place, dans votre élément. Vos talents.

Sentir qu'on a quelque chose d'unique à apporter est la clé de la motivation et de l'accomplissement de soi.

Talent ne veut pas dire « génie » !

Le mot « talent » vous paraît un peu prétentieux ? No pressure ! Vous n'allez pas forcément vous découvrir avec ce cercle un « incroyable talent » (si vous saviez jongler avec vos pieds, vous le sauriez déjà !) et ce n'est pas grave. Ne cherchez pas non plus la perfection dans un domaine. On l'a vu, ça n'existe pas : personne ne peut être l'écolo parfait, la bienveillance incarnée ou experte en tout, même Beyoncé. Vous avez le droit de vous considérer comme douée pour la guitare sans être Jimi Hendrix, de cuisiner de succulents curries sans vous sentir capable de gagner la finale de *Top chef*.

Talent ne veut pas non plus forcément dire « expertise »

La différence entre les deux ? La persévérance ! Apprendre est aussi un talent et c'est souvent celui qui fait la différence. On considère qu'il faut environ 10 000 heures de pratique pour devenir expert d'un sujet. Vous pouvez donc noter aussi dans ce cercle certains talents cachés que vous ne maîtrisez pas exactement à la perfection, mais que vous souhaitez développer… ne vous brimez pas !

Stop à la fausse modestie !

Vous avez appris à combattre votre troll intérieur qui vous dit que vous êtes nulle, à enlever votre masque de (fausse) modestie pour plaire aux autres et à combattre vos peurs et vos freins (voir chapitre 2). C'est le moment de mettre tout ça en pratique : rien ne doit vous empêcher de révéler vraiment vos talents dans ce cercle. Et si le mot « talent » vous freine toujours, remplacez-le par « compétences », « capacités » ou « facilités », ça marche aussi !

J'ose être fière de ce que j'ai accompli

Faites le bilan de vos réussites

Quelles compétences avez-vous mises en œuvre pour y arriver ?

Ne minimisez pas vos succès ! Non, non, tout ne repose pas sur la chance. Creusez pour découvrir les qualités, les compétences, les talents que vous avez dû déployer (parfois sans même vous en rendre compte) pour arriver à vos fins.

Parmi ces réussites, de quoi êtes-vous le plus fière ? Pourquoi ?

Je trouve mon talent unique

Qu'est-ce qui est facile pour vous, alors que ça peut être plus dur pour les autres ? Qu'est-ce qui vous demande peu d'effort ? Notez ici le ou les domaine(s) pour le(s)quel(s) vous avez des facilités.

Quels sont les compliments qu'on vous fait souvent, ou ceux qu'on vous a faits qui vous ont le plus touchée ?

Évaluez votre mode de fonctionnement optimal

Dans quelles conditions révélez-vous plus vos talents ?

Exemple : *je travaille mieux le matin, je suis plus productive quand je travaille de chez moi / dans la nature / dans un café / dans le calme / dans le bruit…*

Je vais à la rencontre de mes talents cachés

Élargissez vos champs de compétence et développez les talents qui sommeillent en vous.

Je voudrais davantage explorer les talents suivants :

Le fil rouge du cercle n° 2

Quel point commun, mot-clé ou évidence ressort de vos réponses ? N'hésitez pas ici à noter plusieurs de vos talents. Vous choisirez à la fin de l'exercice celui qui complète le mieux les autres cercles.

→ Reportez votre réponse sur le diagramme p. 55, dans le cercle « ce pour quoi je suis douée ».

Je suis particulièrement douée pour : ....

....

....

....

Cercle n° 3 : ce pour quoi je peux être payée

J'ancre mon ikigai dans la réalité

En faisant le lien avec vos besoins économiques (ce pour quoi les autres sont prêts à vous payer), s'il y a un marché, vous pouvez peut-être vivre de votre passion, de vos talents d'une manière ou d'une autre. Eh oui ! La joie de vivre votre passion et la fierté qui en découle ne sont rien sans la sécurité d'une rémunération pour vivre sans angoisse. Dans ce cercle, on touche à une des composantes de la profession (avec les talents).

Attention, sujet hyper touchy !

On s'imagine que c'est là que tout se joue ! Il FAUT absolument trouver un job qui ait du sens et qui paie un minimum. Dans l'idéal, puisqu'on y passe 7 heures par jour (plus ou moins), on souhaiterait qu'il concrétise à lui seul tout ce qu'on aime et ce pour quoi on est douée, voire carrément les besoins du monde. Stop, on relâche la pression ! L'ikigai, ce n'est pas juste votre job, ou en tout cas, ce n'est pas obligé ! Même si, on l'avoue, ce serait le top, ce serait mettre beaucoup trop de pression sur ce qui vous rapporte de l'argent et ce n'est pas à la portée de tout le monde.

On ne se met pas la pression pour trouver un job qui a du sens à tout prix! C'est la cerise sur le gâteau, pas le Graal absolu. Vous n'êtes pas obligée d'avoir un seul boulot qui est la quintessence de votre ikigai, vous pouvez avoir plusieurs activités rémunérées qui se complètent bien (slasheuse attitude!).

Ou un boulot alimentaire qui sert juste à financer votre passion et qui vous permettra de vivre pleinement et sereinement votre ikigai : c'est ce que font de nombreux artistes qui ne veulent pas mettre sur leur art la pression de devoir payer le loyer, et ça marche! À vous de trouver votre équilibre.

Avec le jeu de piste qui suit, partez à la rencontre de vos sources de revenus potentielles et découvrez comment vous pourriez monétiser vos talents et vos centres d'intérêt.

Je passe du rêve...

Rappelez-vous tous les jobs dont vous rêviez adolescente : y avez-vous renoncé? Avez-vous depuis choisi une autre voie par peur ou par contrainte?

Si vous pouviez être payée à faire n'importe quoi (mais vraiment n'importe quoi!) ce serait quoi? Ici vous n'êtes pas obligée de noter de «vrais» boulots : ne vous censurez pas et amusez-vous...

Si vous gagniez au Loto, à quoi occuperiez-vous vos journées?

La liste de mes jobs de rêves (zéro censure)

Osez rêver votre job idéal! Dressez la liste de vos jobs de rêve (des jobs qui existent vraiment, cette fois-ci), puis, en face, la liste des croyances qui vous brident. Et, de 1 à 10, notez à quel point vous pensez que cette croyance est vraie. Puis essayez de trouver des exemples qui contredisent cette croyance.

Un exemple… Mon job de rêve : scénariste de séries TV.

Les croyances qui m'empêchent direct d'y penser : je n'ai pas le réseau, il n'y a pas de débouchés, tout le monde veut faire ça, le secteur est bouché, je ne serai pas à la hauteur, je n'ai pas le bon diplôme…

Note de 1 à 10 : 6

Les arguments qui contredisent cette croyance : je peux me renseigner sur les formations, contacter, via Linkedin ou des amis d'amis, des gens qui font déjà ce métier et qui me donneraient des pistes. Ok, ce genre de job est sûrement hyper demandé, mais ceux qui y ont acquis de l'expérience ont bien commencé un jour et je ne suis pas obligée de travailler direct sur une série ultra connue et de faire des étincelles dès le début… Alors, pourquoi pas moi?

Mes jobs de rêve	Mes croyances	Note de 1 à 10
…………………………	…………………………	…………………………
…………………………	…………………………	…………………………
…………………………	…………………………	…………………………
…………………………	…………………………	…………………………
…………………………	…………………………	…………………………
…………………………	…………………………	…………………………

Arguments qui contredisent cette croyance

…………………………………………………

…………………………………………………

…………………………………………………

…………………………………………………

…………………………………………………

…………………………………………………

…………………………………………………

…………………………………………………

... à la réalité

Parmi les activités professionnelles que vous avez débusquées ci-dessus, y en a-t-il une ou plusieurs qui pourraient matcher avec les besoins économiques actuels, bref, qui pourraient déboucher sur un vrai job, qui recrute ?

Et sinon, parmi ces idées, quelles sont celles qui pourraient vous rapporter juste un peu d'argent ?
Vous n'êtes pas obligée d'en vivre à plein temps. Cette activité permet de mettre du « beurre dans les épinards » et peut se cumuler avec votre job actuel. Ou, si plusieurs sont viables, elles peuvent constituer votre iki-job en mode multi-casquettes.

Par exemple : créer et vendre vos bijoux sur Etsy, faire quelques piges pour des magazines, donner des cours de langue, faire du coaching...

Le fil rouge du cercle n° 3

Quel est le point commun entre toutes ces sources de revenus ?
Avez-vous trouvé une ou plusieurs activités pour lesquelles vous pourriez être rémunérée ? Si vous en avez plusieurs, notez-les toutes, si possible par ordre d'importance.

Je peux être payée pour :

→ Reportez votre réponse sur le diagramme p. 55, dans le cercle « ce pour quoi je peux être payée ».

Cercle n° 4 : ce dont le monde a besoin

« Sois le changement que tu veux voir dans ce monde. »
Gandhi

Le but de ce cercle ? Trouver du sens et me sentir utile !

Comment ? En connectant ce qu'on aimerait faire et qui on a envie d'être à quelque chose de plus grand, qui nous dépasse. Là, on touche au cœur de l'ikigai : le sens et le partage, bref, le don de soi. Trouvez la cause qui vous anime, la pierre que vous seule pourriez apporter à l'édifice. Cette dernière étape vous mettra sur la piste de votre mission en vous interrogeant sur la façon dont vous pouvez mettre vos talents, vos passions et même votre job au service des autres… Là aussi, vous n'êtes pas obligée d'avoir une mission de folie super identifiée. On ne va pas vous demander de sauver le monde : votre contribution peut être simple mais nécessaire.

Les besoins du monde ?

L'expression peut vous laisser perplexe. Le « monde », c'est vaste (par définition !) et par « monde », on peut tout entendre ici : la planète, la nature, la société, les gens en général, ou tout simplement votre entourage proche. La question principale de ce cercle hyper puissant est : « Que puis-je apporter ? »

Je me rebelle !

L'idée ? Trouver ce qui vous remue, ce qui vous prend au cœur et aux tripes, ce que vous rêvez de changer, ce qui vaut la peine pour vous et vous donne envie de vous retrousser les manches pour apporter votre contribution et faire la différence. Vous n'êtes pas obligée de viser haut, chaque petite action, chaque cause, chaque geste compte !

Qu'est-ce qui vous met en colère ?

……………………………………………………………………………

Qu'est-ce qui vous révolte ?

……………………………………………………………………………

Quelle injustice voulez-vous combattre ?

……………………………………………………………………………

Quelle est la cause qui vous tient à cœur ?

……………………………………………………………………………

Quelle est la «révolution» n°1 qu'il vous semblerait nécessaire de mener pour un monde plus juste?

....

Je fais passer le message !

Quel est le message que vous voudriez faire passer au monde, votre mantra, votre valeur essentielle, votre devise, votre slogan, votre proverbe favori? Sur quoi souhaitez-vous faire réagir et interpeller les gens autour de vous?
Un exemple? Vous pourriez choisir ce genre de message si vous pensez que le monde a besoin de plus de gens qui osent et croient en eux : «La peur n'évite pas le danger» ou : «Just do it», «Et vous, que feriez-vous si vous n'aviez pas peur?»
Ou, si vous estimez que le monde a besoin de plus d'amour et de bienveillance : «Aimez-vous les uns les autres», «L'amour est la réponse et vous le savez sûrement» (John Lennon). Mais ça peut être encore plus personnel ou politique…

Si vous pouviez louer tous les panneaux publicitaires d'une station de métro, quel message/mantra/citation feriez-vous passer?

....

....

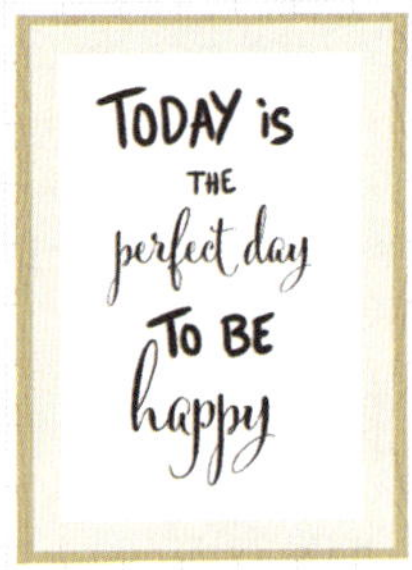

Je rends service

Laisser sa place dans le métro, aider un collègue à boucler sa présentation, ramasser un papier tombé par terre, aider une amie à faire sa lettre de motiv'… Tous ces petits gestes altruistes qui semblent anodins ne rendent pas heureux seulement les gens qu'on aide, mais nous aussi! La bonne nouvelle? C'est contagieux, plus on aide, plus on se sent heureuse et plus on a envie d'aider et plus les gens qu'on aide se sentent heureux et ont envie d'aider à leur tour! Le monde a besoin de plus de solidarité. Trouvez comment vous pouvez y contribuer.

Quels services avez-vous déjà rendus avec succès à votre entourage? Vous a-t-on déjà remercié pour votre aide précieuse?

....

....

De quoi votre entourage proche (amis, famille collègues) aurait besoin et que vous seriez en mesure de lui apporter?

....

Et vous, de quoi avez-vous eu besoin et que vous avez été heureuse de trouver?

....

Quels sont les astuces, les bons conseils, les révélations qui ont changé votre vie (en bien) et que vous souhaitez à votre tour partager?

....

Le fil rouge du cercle n° 4

Quel point commun, mot-clé ou évidence ressort de vos réponses? Le monde peut avoir besoin de plusieurs choses, vous pouvez donc donner plusieurs réponses. Mais, dans ce cas, classez-les par ordre d'importance.

Le monde a besoin de :

....

....

....

→ Reportez votre réponse sur le diagramme p. 55, dans le cercle «ce dont le monde a besoin».

Les combinaisons ikigagnantes

Vous avez rempli vos 4 premiers cercles : parfait, vous avez fait l'essentiel! Mais L'ikigai, c'est un peu comme le Loto : quand vous avez la combinaison gagnante, à vous le gros lot!

Quand 2 cercles s'entremêlent, cela révèle votre passion, votre mission, votre profession et votre vocation. **Quand vous en avez 3 sur 4,** cela met au jour ce qui vous manque dans votre vie pour être pleinement épanouie.
Et quand les 4 cercles s'imbriquent parfaitement : vous avez trouvé votre ikigai!

Je relie entre elles les réponses aux 4 cercles

Posez-vous un moment pour regarder votre diagramme rempli et félicitez-vous !

Ensuite, trouvez les points communs entre vos 4 cercles principaux. Souvent, le fil rouge de toutes vos réponses apparaît hyper clairement, comme une évidence ou une révélation. Mais parfois, c'est un peu moins évident. Dans ce cas, triez, développez et extrapolez…

Je fais le tri

Si vous avez noté trop de réponses dans vos cercles, il se peut que vous vous soyez éparpillée et donc un peu perdue en route.

Faites d'abord le tri dans vos réponses. Comment ? En les classant par ordre d'importance et en regroupant celles qui peuvent être liées ensemble.

Je développe ou j'extrapole

Ce n'est toujours pas clair ? C'est peut-être que vous n'avez pas été assez précise (dans ce cas, développez) ou trop précise (dans ce cas, extrapolez) dans vos réponses.

Par exemple : admettons que vous ayez mis dans le cercle « ce que j'aime » : « Aller à la piscine »… vous allez avoir du mal à lier cette activité aux besoins du monde et à vous faire payer pour faire trempette !
Soit vous décidez de zapper cette activité finalement trop anecdotique, soit vous sentez qu'elle est essentielle pour vous, qu'elle vous met dans le flow et qu'il faut vraiment creuser l'idée. Après tout, vous ne l'avez pas mise dans votre cercle par hasard. Dans ce cas, n'hésitez pas à tirer le fil de la pelote en multipliant les « pourquoi » : « pourquoi j'aime aller à la piscine » ? « Parce que j'aime faire du sport en plein air. » « Pourquoi j'aime faire du sport ? » « Parce que j'aime me dépasser. » « Pourquoi en plein air ? » « Parce que ça me connecte à la nature, parce que ça me rappelle les vacances »…
Alors, peut-être que ça ne donnera rien du tout : ok, vous aimez nager, ce n'est pas la découverte du siècle ni le chaînon manquant de votre ikigai, mais ça peut aussi être super important pour vous et vous mettre sur la voie d'un nouveau mode de vie : maître nageur ? GO au Club Med ?

Idem pour les besoins du monde : par exemple, imaginons que vous ayez répondu : la paix. Ok. C'est vrai et c'est louable, mais 1/ c'est vague et 2/ pas sûr que vous ayez les talents nécessaires pour instaurer la paix dans le monde, là comme ça. Quoique…
Posez-vous les bonnes questions : « Qu'est-ce qui pourrait apporter plus de paix dans le monde ? » « Plus de bienveillance. » « Comment je peux insuffler plus de bienveillance autour de moi ? » « En aidant les autres. » « Comment ? » « En leur donnant de bons conseils. » « Dans quels domaines ? » Etc. Alors, ok, vous allez peut-être simplement être encore plus sympa avec vos collègues et sourire à des inconnus en leur tenant le tourniquet du métro, ce sera déjà pas mal et utile, mais ça peut aussi vous mener plus loin : coach de vie, psy, conférencière, diplomate ? Bref, vous voyez l'idée ! N'hésitez pas à tout décortiquer et à vous creuser la tête : de la discussion (avec vous-même ou avec les autres) vient la solution.

2 cercles : j'y vois (encore) plus clair !

On est de plus en plus précise : si vous séchez sur cette étape, pas de panique, c'est normal ! Et ça ne vous empêchera pas de révéler votre ikigai. Mais si vous creusez un peu cette partie, vous gagnerez encore plus en clarté : ça se tente !

Ce que j'aime + ce pour quoi je suis douée = ma passion

Comment trouver votre passion ?
Vous avez peut-être débusqué plusieurs passions grâce aux réponses que vous avez données dans le cercle n°1, mais c'est en identifiant celle(s) qui matche(nt) pleinement avec vos talents (ce pour quoi vous êtes douée) que vous pourrez identifier votre véritable passion. Si vous faites le lien entre le cercle n°1 et le cercle n°2, entre vos talents et vos hobbys, vous obtenez votre passion.

À noter : les deux peuvent être exactement les mêmes. Exemple : vous aimez écrire, vous êtes douée pour écrire, votre passion c'est l'écriture. La réponse n'est pas forcément une révélation de folie, ça peut être une simple évidence.

Je note ici ma passion n°1 :

………………………………………………

………………………………………………

………………………………………………

→ Et reportez-la sur le diagramme p. 55, dans la case située à l'intersection des cercles « ce que j'aime » et « ce pour quoi je suis douée ».

Ce pour quoi je suis douée + ce pour quoi je peux être payée = ma profession

C'est tout bête, mais une profession, ce n'est rien d'autre qu'être payée pour mettre en œuvre ses compétences !

Pas très sexy dit comme ça, mais c'est déjà plus valorisant que d'être payée à ne rien faire et moins frustrant que de ne pas pouvoir se faire payer pour mettre en œuvre ses talents.
Votre réponse peut être redondante avec le cercle n°3 dans lequel vous avez déjà pu identifier un job potentiel. Vérifiez ici que ce job idéal ou actuel colle bien avec vos talents. Si ce n'est pas le cas, interrogez-vous sur votre capacité à développer les compétences qu'il vous manque.

Je note ici ma profession (soit l'actuelle, si vous avez vraiment l'impression que vous mettez en œuvre vos talents dans votre job, soit votre profession rêvée si vous sentez que vous n'avez plus rien à apporter dans celle en cours, *idem* si vous êtes encore étudiante ou en cours de reconversion) :

....

→ Reportez-la sur le diagramme p. 55, dans la case située à l'intersection des cercles « ce pour quoi je suis douée » et « ce pour quoi je peux être payée ».

Ce pour quoi je peux être payée + ce dont le monde a besoin = ma vocation

La différence entre la vocation et la profession ? Le sens ! La vocation connecte ce pour quoi vous êtes payée avec les besoins du monde. Vous n'êtes plus centrée uniquement sur votre job et votre satisfaction personnelle, vous sentez que votre source de revenus est plus que ça : elle vous met au service des autres et vous apporte le sentiment d'être utile et à votre place.

Je note ici ma vocation :

....

....

→ Reportez-la sur le diagramme p. 55, dans la case située à l'intersection des cercles « ce dont le monde a besoin » et « ce pour quoi je peux être payée ».

Ce dont le monde a besoin + ce que j'aime = ma mission

Votre mission, si vous l'acceptez : faire matcher les besoins du monde avec ce que vous aimez faire !

Lier ces 2 cercles est une composante essentielle et très puissante de l'ikigai, elle vous permet de connecter ce qui booste votre joie de vivre avec ce qui fait sens pour vous : c'est-à-dire avec quelque chose de plus grand, de plus important que vous-même.

Très proche de la vocation, la mission apporte aussi le sentiment d'être utile et à sa place mais avec une bonne dose d'épanouissement en plus. Là, il s'agit moins de donner un sens à votre job que de donner du sens à votre vie. Attention, spoiler, même s'il reste encore 2 cercles à creuser : on est ici très très proche de l'ikigai !

Je note ici ma mission :

....

....

→ Reportez-la sur le diagramme p. 55, dans la case située à l'intersection des cercles « ce dont le monde a besoin » et « ce que j'aime ».

3 cercles : j'y suis presque !

Bien souvent, il ne manque qu'un cercle pour trouver ou vivre pleinement son ikigai. Certaines combinaisons sont plus confortables que d'autres. Que signifient-elles et, surtout, comment trouver le cercle manquant qui vous mènera à votre ikigai ? Cette ultime étape avant la révélation de votre ikigai va éclairer d'éventuels manques et frustrations actuelles et vous donner quelques pistes pour les dégommer.

Ce que j'aime + ce pour quoi je suis douée + ce pour quoi je suis payée

Que signifie cette combinaison ?
Satisfaction + sécurité ☺ mais sentiment d'être un peu inutile ☹ = manque de sens.

Top! Vous avez la grande chance de faire ce que vous aimez : cela vous apporte un sentiment de bien-être, voire de joie. Vous faites aussi ce pour quoi vous êtes douée : cela vous procure un sentiment de satisfaction, voire de fierté. Et, en plus, vous êtes payée pour faire tout ça, d'où un sentiment de sécurité et une certaine sérénité. Que demander de plus? C'est la combinaison parfaite, non? Presque! Ok, elle est franchement pas mal, cette combinaison : vous êtes plutôt bien lotie, car la joie et la fierté sont des sentiments puissants et la sécurité, un de nos besoins fondamentaux qu'il est essentiel d'assouvir. Oui mais… il vous manque encore ce qui fait le sel de l'ikigai : le sens. Vous n'avez pas encore relié votre plaisir et votre satisfaction personnels aux besoins du monde. Vous devez vous sentir vraiment utile pour vivre pleinement votre ikigai.

Comment dégoter le cercle manquant?

Et si vous testiez le bénévolat, en plus de votre activité rémunérée? Si vous ne voyez pas bien comment trouver du sens à ce que vous faites actuellement dans la vie, trouvez une association qui défend une cause qui vous tient à cœur (puisez dans les réponses que vous avez notées dans le cercle «ce dont le monde a besoin»).

Vous pouvez aussi partager vos talents et votre passion avec le monde en écrivant un livre ou en créant un blog, un podcast pour partager ce qui vous fait vibrer et inspirer les autres dans leur recherche d'ikigai. Attention, ça ne marchera que si vous êtes vraiment connectée aux attentes des autres et pour cela il vous faut développer encore plus votre empathie. Vous pouvez aussi former ou enseigner à vos heures perdues dans votre domaine d'expertise, qui par chance est aussi votre passion.

Ce pour quoi je suis douée + ce que j'aime + ce dont le monde a besoin

Que signifie cette combinaison?
Joie + plénitude ☺ mais fauchée ☹ = manque de sécurité.

Bravo! Vous avez réussi le tour de force de connecter votre passion aux besoins du monde. Vous vous sentez utile, ce que vous faites dans la vie vous apporte une grande joie… mais argh! ça ne vous rapporte pas un sou (ou très peu) et vous êtes un peu frustrée de ne pas pouvoir en vivre (on vous comprend!). Ça arrive quand on est en stage, quand on débute une activité en free-lance, quand on exerce une activité créative ou qu'on crée sa boîte. Bref, ça arrive souvent! Une pointe d'inquiétude, liée à un manque de sécurité, peut venir gâcher votre passion à long terme et vous éloigner de votre ikigai.

Comment dégoter le cercle manquant? **Minimalisme, zéro déchet, sobriété heureuse...** Et si vous appreniez à vivre mieux avec moins? Au lieu de chercher à gagner plus, apprenez à dépenser moins. C'est une piste, à vous de voir si elle vous convient. Bien sûr, ça ne fonctionne que si vous vivez avec un budget serré, mais qui vous permet quand même de vivre correctement. On ne peut pas vivre de passion et d'eau fraîche.

Ce que j'aime + ce dont le monde a besoin + ce pour quoi je suis payée

Que signifie cette combinaison?
Joie + autosatisfaction ☺ mais incertitude ☹ = sentiment de ne pas être à sa place + possible syndrome de l'imposteur.

Cool, vous avez découvert exactement ce pour quoi vous êtes faite!

Oui, mais voilà, vous n'avez (pas) encore les compétences pour vous sentir pleinement épanouie dans votre quotidien. Vous êtes étudiante, ou en reconversion? Si c'est le cas, c'est normal, vous êtes en train de travailler sur ce cercle actuellement.

Vous exercez déjà une activité connectée à votre passion et votre vocation? Il y a peu de chance que celle-ci ne matche pas avec vos talents. Pourquoi vous aurait-on embauchée ou promue, sinon? Interrogez-vous sur un possible syndrome de l'imposteur : êtes-vous vraiment sûre de ne pas être douée dans ce que vous faites? On se permet d'en douter!

Comment dégoter le cercle manquant?
En développant vos compétences! Pas besoin de reprendre vos études, il vous suffit de suivre un ou plusieurs mooc en rapport avec votre profession et votre passion. Lisez, regardez des vidéo TED, écoutez des podcasts sur le sujet, mettez-vous aux docs audio, suivez des experts dans votre domaine... Il y a mille et une façons fun d'apprendre en un temps record. Avec un minimum d'efforts, vous pouvez acquérir des compétences dans un domaine qui vous passionne et dont vous voyez l'utilité.

Ce dont le monde a besoin + ce pour quoi je suis payée + ce pour quoi je suis douée

Que signifie cette combinaison?
Confort + sens ☺ mais sentiment de vide ☹ = manque de joie

Super, vous avez réussi à être payée pour connecter vos talents aux besoins du monde!
Vous êtes utile à la société et vous pouvez être fière de vous! Oui, mais voilà, vous avez oublié de vous éclater en route et ça, c'est hyper dommage. Pourquoi? Parce que, sans vibrer, vous allez avoir du mal à tenir sur le long terme. Vous reconnecter à votre passion et à votre joie de vivre est essentiel pour mener une vie épanouie.

Comment dégoter le cercle manquant?
Pour retrouver l'équilibre et insuffler plus de joie dans votre quotidien, pensez à ménager du temps dans votre agenda pour faire ce que vous aimez, sans vous mettre la pression, sans autre but que de vous faire plaisir. Vous avez peur de vous ennuyer? Tentez de nouvelles expériences ou activités. N'oubliez jamais que prendre du temps pour vous et vous faire plaisir n'est pas égoïste, c'est vital.

4 cercles : bingo! Vous avez trouvé votre ikigai!

Vous avez rempli vos 4 cercles principaux? Ils s'imbriquent parfaitement? Yeah! Vous avez aussi débusqué en chemin votre passion, votre mission, votre profession, votre vocation? Top! Si toutefois vous n'avez pas su identifier clairement votre mission et votre vocation (ce n'est pas toujours simple!), ne vous tracassez pas : l'essentiel pour dévoiler votre ikigai est de pouvoir faire le lien entre les 4 cercles principaux.

Vous n'avez que 3 cercles et le lien ne vous paraît pas encore évident? Vous êtes sûrement encore en cheminement. Ne vous privez pas pour autant d'élaborer une ébauche d'ikigai que vous pourrez peaufiner au fil du temps.

Et si mes 4 cercles n'ont rien à voir entre eux?

C'est plutôt rare, mais c'est possible. Dans ce cas, posez-vous la question suivante : avez-vous la possibilité de mettre en œuvre chacun de ces cercles dans votre vie? Si c'est le cas, et que ceux-ci peuvent cohabiter sans s'entremêler, votre équilibre de vie est préservé et vous pouvez tout à fait décider que votre ikigai, c'est de veiller à toujours faire de la place dans votre quotidien pour exprimer chacun de ces cercles de façon équilibrée.

Comment formuler mon ikigai ?

Tout d'abord, il faut oser le formuler. Il est important de faire taire votre troll intérieur qui va profiter de ce moment pour se réveiller et vous faire douter (« Tu ne trouves pas que ça sonne un peu faux ? », « Tu te la pètes pas un peu, là, avec ta mission ? »).

Ne vous posez pas trop de questions et osez affirmer haut et fort que oui, vous pouvez apporter quelque chose au monde et oui, vous aussi, vous avez une place à prendre. Et rassurez-vous, vous avez beau l'écrire noir sur blanc dans ce cahier, votre ikigai n'est pas gravé dans le marbre : il pourra évoluer avec vous tout au long de votre vie et vous aurez le droit de le peaufiner (voire de le changer) au fil du temps. Pour la formulation, à vous de voir ce qui vous convient le mieux. Votre ikigai peut prendre la forme d'une activité, d'une identité, d'une ou plusieurs valeurs essentielles, d'un rôle que vous aimeriez remplir… Il peut avoir des facettes différentes pour chacune.

Par exemple : « J'aime… écrire, apprendre de nouvelles choses et partager mes découvertes, je suis douée pour… écrire (tiens, ça tombe bien !) et synthétiser des idées, je peux être payée… à faire des recherches pour écrire des articles, des livres, des brochures, des supports de communication, des scénarios… Je pense que le monde a besoin de plus de gens en accord avec eux-mêmes, heureux et épanouis, libérés de leurs doutes et de leurs peurs. »

À votre avis, quel est l'ikigai de cette personne ?
Écrire des articles, des livres, des posts de blog… pour partager ses découvertes en développement personnel.

Et pour vous booster à bloc, voici un autre exemple très inspirant…

Elle a trouvé son ikigai !

Clotilde Dusoulier est auteure culinaire, créatrice du blog Chocolate & Zucchini et du podcast de développement personnel à succès *Change ma vie*, pile dans l'air du temps. Elle partage avec nous la découverte de son ikigai.

Comment as-tu entendu parler de l'ikigai ?
« J'ai fait mon ikigai il y a deux ans. J'en ai entendu parler grâce à mon groupe Mastermind : nous sommes un petit groupe de six free-lance, on se voit toutes les trois semaines en personne pour brainstormer sur nos activités et se soutenir. Une des membres de notre groupe nous a proposé de faire notre ikigai et on s'est toutes prêtées au jeu. »

Comment as-tu planché sur l'exercice ?
« On y a réfléchi chacune de notre côté en imprimant les cercles vides, puis on a discuté de nos réponses. Je n'ai pas eu de mal à trouver les réponses aux quatre questions principales, mais je me souviens avoir plus buté sur l'intérieur des cercles : la passion, la profession, la mission, la vocation… Mais ça m'a beaucoup aidée de compléter mes réponses avec le groupe. C'est très utile de confronter notre perception extérieure à d'autres personnes : ils peuvent proposer quelque chose qu'on ne se serait pas forcément avoué, pensant que notre ikigai est peut-être un peu trop prétentieux. Le groupe peut te rassurer avec bienveillance : "Tu peux assumer, c'est vraiment toi." Mais pour ça, il est important de trouver un groupe de confiance, on évite les copines un peu jalouses. »

As-tu trouvé cet exercice utile ?
« Très utile ! J'adore ce type d'outils. La force de l'ikigai, c'est qu'il pose les bonnes questions. Deux ans après, je ne me souviens plus exactement de ce que j'ai répondu aux quatre cercles, mais pour moi, ce qui était important et ce qui est resté, c'est le résultat qui en est ressorti et qui est devenu un fil rouge dans ma vie. »

Peux-tu nous dévoiler ton ikigai ?
« Mon ikigai qui a émergé est l'idée d'être une "hôte" (au sens américain du terme, car en français le terme "hôtesse" ne veut pas tout à fait dire la même chose). J'aime recevoir des gens dans un espace, faire en sorte qu'ils se sentent bien, créer du lien entre les personnes que j'ai invitées, instaurer des échanges. J'invite des gens, je crée les conditions d'une rencontre et des moments dont on a envie de se souvenir. »

Ton ikigai est-il un lien, un fil rouge entre tes différentes activités ? Comment t'accompagne-t-il au quotidien ?

« L'ikigai est un outil qui me sert de fil conducteur dans beaucoup de domaines. Il me permet en quelque sorte de filer la métaphore. Cela m'a aidée à mettre le doigt sur une thématique qui revient dans beaucoup de domaines de ma vie. Par exemple, j'aime recevoir les gens chez moi, mais je me suis rendu compte que je faisais la même chose avec mon blog, je les invite dans mon espace. L'ikigai m'a aussi permis de m'interroger sur mes valeurs en me demandant quelles étaient les valeurs de l'hôte : la diplomatie, être agréable, s'intéresser aux autres, les faire parler d'eux… Et ces valeurs me suivent aussi bien dans ma vie personnelle que professionnelle. »

En quoi est-ce important à ton avis de connaître son ikigai ?

« C'est un outil puissant qui apporte de la clarté, ce qui est la première chose à conquérir je pense dans nos vies modernes remplies d'injonctions, de choix, d'offres, de sollicitations, de stimulations, de distractions… Cette quête de clarté permanente est très importante pour moi. »

Quels conseils donnerais-tu à une personne en recherche d'ikigai ?

« L'ikigai, si on le trouve, c'est génial ! Mais le questionnement, le cheminement ont autant de valeur que la découverte. Que celles qui n'arrivent pas à le trouver tout de suite ou pour qui la réponse est moins évidente ne se découragent pas. C'est la quête d'une vie. »

En quoi ton ikigai est-il présent dans tes choix, tes décisions ?

« Je l'ai incorporé en toile de fond à une vision de moi-même, sans que ce soit formellement posé au moment de faire mes choix, mais il est là. C'est plus une sorte de test intéressant dans une situation donnée. Je me demande alors si je suis en alignement avec cette idée que je me fais de moi et que l'ikigai a mise en lumière. »

Comment vas-tu inscrire ton ikigai dans tes projets futurs ?

« Avec la création de mon podcast, je ressens maintenant ce besoin, sûrement guidée par mon ikigai, de créer encore plus de communauté, de liens entre les gens qui écoutent mon podcast. J'y réfléchis pour la suite. »

Retrouvez Clotilde…

- Sur Instagram : ouichangemavie / Clotildenet
- En librairie : Tasting Paris / VeggieVore…
- Dans vos oreilles : Change ma vie : un podcast de développement personnel disponible sur www.changemavie.com, ou sur smartphone via les applis podcasts.
- Dans votre cuisine : avec Chocolate & Zucchini, son blog culinaire inventif et inspirant : www.cnz.to

Et aussi : Clotilde propose une offre de coaching sur son site changemavie.com et une formation «les journées inspirantes du solopreneur» en partenariat avec la super blogueuse / influenceuse Deedee Paris (www.journeesinspirantes.com)

À vous de jouer !

Formulez votre ikigai en quelques lignes. Vous pouvez compléter la formule qui vous convient : «Mon ikigai, c'est…» ou «Je suis faite pour…» ou «Ma mission de vie est de…», voire «Ma raison d'être, c'est…» ou ne faites rien de tout ça : une phrase courte, une tartine, un mot-clé? Faites comme vous le sentez, c'est VOTRE ikigai!

MON IKIGAI!

Ta-da! Nous y voilà : lancez-vous et notez ici en gros votre ikigai (et reportez-le au cœur du diagramme p. 55 ou sur votre feuille volante.)

Et voilà, votre ikigai est désormais plus clair pour vous. Le plus gros du travail a été fait. L'introspection est terminée, maintenant, place à l'action! Découvrez dans le prochain chapitre comment faire vivre votre ikigai au quotidien, en l'ancrant dans vos décisions et projets de vie : tout un programme!

Mon ikigai, c'est :

....

....

....

....

Chapitre 4

Mon programme ikigai

Vous avez trouvé votre ikigai? C'est top, mais ça ne s'arrête pas là. Après l'introspection, place à l'action! Vous avez désormais une super boussole qui vous indique ce qui est bon pour vous, qui pointe vers ce pour quoi vous êtes faite : ce serait dommage de ne pas l'utiliser pour vous mettre en route et partir à l'aventure, non?

Maintenant que vous avez identifié ce qui vous anime, pas question de continuer comme si de rien n'était. Rien ne sert de rêver son ikigai, il faut le vivre! Comment? En agissant en conséquence et en le mettant au cœur de sa vie, de ses rituels et de ses tâches quotidiennes. L'ikigai est un outil puissant qui nous apporte plus de clarté pour définir nos priorités, faire les bons choix et prendre les bonnes décisions, il dissipe le brouillard et se connecte à notre intuition pour nous montrer le chemin à suivre. Mais l'ikigai, c'est aussi un phare qui nous éclaire et nous rappelle de vivre nos passions, de nous connecter à nos sources de joie, de ne pas perdre de vue qui on est vraiment et ce qui est bon pour nous. Rituels, exercices, habitudes, check lists, inspirations et actions… transformez votre ikigai en objectifs de vie à caler dans votre agenda ou votre Bullet Journal®. Le but de ce programme? Vous aider à mettre concrètement vos comportements, actions, habitudes, choix… en phase avec votre ikigai pour vous sentir vraiment épanouie dans votre (nouvelle) vie. Prête? Iki… go!

Révélation ou évidence : l'heure du bilan

Votre ikigai a peut-être été une révélation inattendue, et si c'est le cas, vous allez sûrement devoir opérer quelques changements (de boulot, d'attitude, de pays, de relations…), voire des chamboulements encore plus profonds dans votre mode de vie. Si votre ikigai était plutôt une évidence tranquille, un petit bilan peut aussi être nécessaire pour savoir quelle place vous lui donnez actuellement dans votre vie : en faites-vous vraiment une priorité au quotidien? Le but? Identifier ce que vous devez changer, améliorer, cultiver ou explorer pour être en accord avec votre ikigai dans votre vie de tous les jours.

Où en êtes-vous ?

Où vous situez-vous sur la frise ci-dessous ? Sur une échelle de 1 à 10, indiquez à quel point vous vivez déjà en accord avec votre ikigai (dans votre vie personnelle et/ou professionnelle). 10 étant le top du top : votre ikigai est une priorité et votre profession, votre mission, votre vocation s'imbriquent parfaitement.
5 : vous êtes à mi-chemin, mais il y a encore quelques ajustements à faire pour vivre votre ikigai à son plein potentiel.
1 : tout est à revoir, on se retrousse les manches et on identifie les changements à opérer pour vivre la vie qui nous va.

1	2	3	4	5	6	7	8	9	10
☐	☐	☐	☐	☐	☐	☐	☐	☐	☐

Je me concentre sur l'essentiel

Dans un monde de possibilités quasi infinies, où l'on est sursollicitée en permanence, il est facile de s'éparpiller et de mettre toute notre énergie dans des tâches qui ne font pas sens, ne nous apportent aucune joie de vivre, bref, nous éloignent de notre ikigai. Apprenez à faire le tri et à vous concentrer sur l'essentiel pour faire de la place à votre ikigai.

Je coupe le pilote automatique

Notre ikigai est parfois étouffé par trop d'actions sans cohérence, trop de boulot, de sollicitations… Sans compter tous ces stimuli extérieurs, infos push, notifications, rappels… qui peuvent nous couper de nous-même et de notre ikigai. On ne s'écoute plus vraiment, et c'est dommage. La solution ? Essayez régulièrement de vous retrouver dans un endroit calme et de vous déconnecter un peu du monde extérieur (méditation, promenade sans but, bain chaud…). Il ne s'agit pas de tout couper, mais de vous offrir une petite oasis de calme de temps en temps dans votre quotidien survolté. Le but ? Faire un pas de côté pour éviter de vous retrouver prisonnière de vos obligations et des désirs des autres. Le stress au quotidien nous embourbe dans une routine qui contribue à nous faire perdre de vue notre ikigai.

Je m'inspire de la règle du 80-20 pour revoir mes priorités

Appelée aussi « loi de Pareto », la règle des 80-20 est un principe théorisé par l'économiste italien Vilfredo Pareto selon lequel 20 % des causes produisent 80 % des effets. En clair ? Seulement 20 % de nos actions et de nos efforts sont essentiels car ils génèrent à eux seuls 80 % des résultats que l'on souhaite obtenir. L'idée est donc de réduire le champ des possibles et de se débarrasser des 80 % superflus pour ne se concentrer que sur les actions qui ont un sens pour nous, celles qui nous connectent à nos passions, à notre joie de vivre et aux besoins du monde ; bref, celles qui sont en lien avec notre ikigai. On peut appliquer cette règle à nos activités, mais aussi à notre entourage : beaucoup moins simple, mais tout aussi nécessaire.

Afin de vous dégager du temps pour l'essentiel et faire de votre ikigai une priorité…

Je note ici les 20 % d'activités qui génèrent 80 % de ma satisfaction et de mon épanouissement (bref, qui me connectent à mon ikigai) :

....

....

....

....

→ Réorganisez votre emploi du temps ou changez carrément votre style de vie de manière à mettre ces activités au cœur de votre quotidien. Pensez aussi à réduire la part des activités qui ne vous apportent rien ou qui sont sources d'angoisse.

Je note ici les 20 % de personnes dans mon entourage qui contribuent à mon bien-être et à mon bonheur :

....

....

→ Voyez ces personnes beaucoup plus souvent et espacez, voire zappez les interactions avec les autres, celles qui ne vous apportent rien ou sont carrément sources d'angoisse et vous coupent de votre ikigai.

Ce que je garde / ce que je laisse : le grand tri !

Appliquez à votre (nouveau) mode de vie les méthodes de rangement à la japonaise. À la lumière de votre ikigai, qu'allez-vous symboliquement jeter, garder,

améliorer ? Pour trouver les réponses, ne vous posez qu'une seule question, celle chère à KonMari, la papesse japonaise du rangement : « Est-ce que ça me met en joie ou non ? »

Ce que je veux changer

Je note ici ce que je ne veux plus dans ma vie car ce n'est pas ou plus compatible avec mon ikigai :

....

Ce que je veux cultiver

Je note ici ce qui fait déjà partie de ma vie et qui est conforme à mon ikigai :

....

Ce que je veux explorer

Je note ici ce qui ne fait pas encore partie de ma vie mais titille ma curiosité et pourrait me mettre encore plus en lien avec mon ikigai :

....

Je définis des objectifs de vie concrets en lien avec mon ikigai

L'ikigai n'est pas qu'une belle promesse ! On concrétise et on traduit sa mission en objectifs de vie dans un esprit *gambarimasu* (voir p. 28). On se donne à fond ! Et on se sert de son ikigai comme d'un « test » super utile pour sortir du brouillard, prendre les bonnes décisions et savoir si on est sur la bonne voie.

Je calcule le « coût de l'inaction »

Quand on décide de changer les choses, de se motiver, de prendre ses responsabilités pour vivre en accord avec son ikigai, bien souvent nos vieilles peurs enfouies sortent du bois et nous plongent dans l'inertie. La solution ? Se poser la question du « coût de l'inaction ».

No statu quo !

Tim Ferriss, écrivain et entrepreneur américain, a mis au point un boosteur hyper simple mais très efficace pour passer à l'action. Il est parti du principe qu'on n'avait aucun mal à s'imaginer le scénario du pire quand on devait passer à l'action, surtout quand ça impliquait un changement important dans notre vie. Dans ces moments-là, nos peurs refont surface et l'imagination s'emballe, souvent pour le pire, ce qui rend le *statu quo* hyper rassurant et confortable en comparaison. Résultat ? On repousse nos rêves et on s'éloigne de notre ikigai.

La solution ? Au lieu d'imaginer ce qu'il pourrait se passer de catastrophique, on se demande ce qu'on risque à ne pas bouger du tout, c'est ce que Tim Ferriss appelle « le coût de l'inaction ». Cet exercice est très puissant car on se rend compte que le coût de l'inaction est souvent bien plus élevé que les risques de passer à l'action.

Pour cela, Tim Ferriss propose de se poser et de remplir 3 colonnes. Dans chacune, imaginez ce qu'il vous en coûterait (émotionnellement, physiquement, financièrement…) de ne pas agir et enclencher les changements nécessaires pour bien vivre votre ikigai. Comment imaginez-vous votre vie dans ce cas dans 6 mois, 1 an, 3 ans ?

	3 mois	6 mois	1 an
Ce qu'il m'en coûte émotionnellement de ne pas agir			
Ce qu'il m'en coûte physiquement de ne pas agir			
Ce qu'il m'en coûte financièrement de ne pas agir			
Comment je vois ma vie si je n'agis pas ?			

Je fais les bons choix et je prends de vraies décisions : le test de l'ikigai

Ça vous est déjà arrivé d'avoir l'impression d'être coincée, qu'aucun choix n'est le bon et d'être toujours perdante quoique vous décidiez ? « Si je quitte ce boulot, je perds mes super horaires et mon indépendance financière et si je reste, je vais m'encroûter et m'éloigner de ce pour quoi je suis faite, rhaaa ! »…

Bye bye incertitude et démotivation !

Si vous aviez du mal à assumer vos choix jusqu'ici, c'est que votre « pourquoi ? » n'était pas hyper clair et sans « pourquoi » bien défini, hello incertitude et démotivation. Mais, bonne nouvelle, désormais vous connaissez ce grand « pourquoi ? », c'est votre ikigai ! Et s'il y a une force qui peut vous booster pour passer à l'action, c'est bien lui !

Le test de l'ikigai

Avant de vous lancer dans une nouvelle aventure, un nouveau job, une prise de risque, une décision importante… faites le test de l'ikigai ! Notre ikigai permet de donner plus de sens à nos décisions : oubliez la liste bateau des « pour » et « contre » ! Avant d'accepter (ou non) une opportunité, passez-la d'abord à la moulinette du test de l'ikigai.

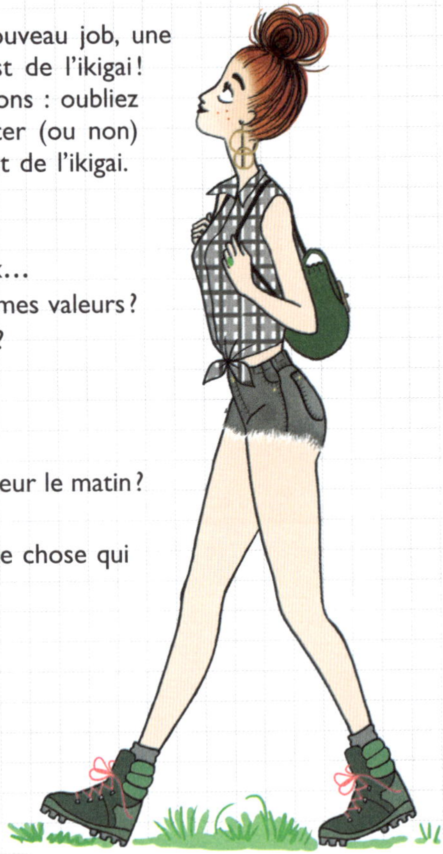

Je me pose les bonnes questions…

Est-ce que cette opportunité, cette décision, ce choix…

- ❑ est juste, correspond à l'idée que je me fais de moi, à mes valeurs ?
- ❑ peut m'apporter de la joie ou une grande satisfaction ?
- ❑ me motive ?
- ❑ m'enthousiasme ?
- ❑ m'anime ?
- ❑ me donne une super raison de me lever de bonne humeur le matin ?
- ❑ peut être une source de fierté ?
- ❑ peut me permettre de partager avec les autres quelque chose qui me tient à cœur ?
- ❑ m'inspire ?
- ❑ me passionne ?
- ❑ me fait écouter mon cœur ?
- ❑ fait sens pour moi ?

→ Vous avez répondu « oui » à la majorité des questions ? Bingo : foncez ! Cette opportunité est pile en lien avec votre ikigai, vous avez tout à gagner à oser la saisir !

Apprenez à dire non !

Breaking news : si vous avez répondu « non » à la majorité des questions, vous avez aussi le droit de dire « non » et de refuser cette opportunité !

Ce qu'on refuse est aussi important que ce qu'on accepte dans notre chemin de vie. Ok, ce n'est pas toujours simple, mais il faut apprendre à distinguer ce qui est important pour les autres de ce qui compte vraiment pour vous. Le top serait bien sûr de pouvoir matcher les deux mais ce n'est pas toujours possible. Oser dire non et refuser des opportunités qui ne sont pas en lien avec nos valeurs ou nos passions nous permet de nous sentir alignée, de dégager du temps pour faire ce qu'on aime, bref de rester en phase avec notre ikigai. Et plus on est au clair avec ce qu'on veut et qu'on le fait savoir, plus on est cohérente et plus les opportunités sympas frappent à notre porte. On en ressort beaucoup plus forte !

Kaizen, la méthode des petits pas

Kaizen, comme ikigai, est un mot japonais à tiroirs : il est la contraction de *kai*, qui signifie « changement », et *zen*, qui signifie « meilleur » : en français, « changer pour le meilleur » ou « amélioration continue ». On le connaît aussi sous le nom de « méthode des petits pas ».

L'idée ?

On décortique un objectif de vie ambitieux en plusieurs petites étapes beaucoup plus accessibles pour ne pas se décourager face à l'ampleur de la tâche. Dans le kaizen, il y a aussi la notion d'humilité : on accepte de passer par des périodes d'apprentissage avant d'atteindre son objectif.

Un exemple ?

En accord avec votre ikigai, vous avez décidé de vous reconvertir et de changer complètement de boulot : l'ampleur de la tâche peut vous paraître démesurée, sauf si vous la décortiquez en plusieurs petites actions tout à fait atteignables au jour le jour dans votre to-do list. Exemple : 1/ je me renseigne sur les différentes formations possibles. 2/ Je recherche les financements potentiels de cette formation. 3/ Je demande à rencontrer une personne qui exerce le métier que je convoite…

Mon objectif de vie

Notez ici en gros votre objectif de vie principal en lien avec votre ikigai et identifiez quels sont les petits pas (c'est-à-dire les étapes intermédiaires) que vous avez à accomplir pour vous rapprocher de votre ikigai et atteindre vos objectifs de vie.

Mon objectif de vie :

....

Ma liste des petits pas à accomplir pour y arriver :

....

....

Ma check list ikigai

Il y a la philosophie de l'ikigai et puis il y a VOTRE ikigai. La première vous incite à vivre en restant connectée au monde et à votre joie de vivre et le second, plus personnel et plus précis, à ne pas renier qui vous êtes et à tout faire pour suivre votre propre chemin.

L'ikigai est un mix entre le faire (votre to-do list), l'être (votre to-be list) et le partage (votre to-give list). Prête à passer en revue votre check list ikigai ?

Ma to-do list

Un chouette mélange de rituels porteurs de sens qui font vivre en nous la petite philosophie de l'ikigai et d'actions concrètes à enclencher pour mettre en place nos objectifs de vie.

Les exemples de rituels ci-dessous sont valables pour tous les ikigai, car ils ont pour but de vous reconnecter à votre joie de vivre et de contribuer à votre bien-être. Mais vous pouvez être plus précise et les personnaliser pour qu'ils soient plus en lien avec votre nouvelle mission de vie.

Les objectifs quotidiens, mensuels et annuels représentent les actions hyper concrètes à enclencher chaque jour pour vous rapprocher de votre ikigai. À vous de les personnaliser selon votre mission de vie.

Par exemple : votre ikigai a mis en lumière que l'écriture était au cœur de votre mission et vous en avez déduit que votre objectif de vie était d'écrire un roman ? Vous pouvez vous fixer comme objectif quotidien d'écrire chaque jour 500 mots : ainsi, vous vous connectez chaque jour à votre ikigai et vous avancez, pas à pas, vers la réalisation de votre objectif de vie.

Mes rituels quotidiens

Cochez les rituels quotidiens que vous souhaitez adopter…
Le but de ces rituels ? Vous apporter du plaisir, de la joie, du bien-être, du calme, de la sérénité… Bref, toutes les conditions favorables à l'épanouissement de votre ikigai.

- ❑ **Le microflow :** quèsaco ? Comme le flow, mais adapté aux petites tâches rébarbatives du quotidien. Eh oui, si on le veut vraiment, faire la vaisselle, ça peut faire sens aussi ! Comment ? Laissez-vous porter par le flow, en étant présente, en conscience, à chaque étape : sentez l'eau qui coule entre vos doigts, le bruit de l'éponge qui gratte la casserole, l'odeur du liquide vaisselle… Bref, essayez de faire d'une corvée un moment de détente !
- ❑ **Le bol de gratitude :** chaque jour, sur un petit papier coloré, notez une chose pour laquelle vous êtes reconnaissante, pliez le papier et mettez-le dans un bocal. En cas de coup de mou, piochez un petit papier pour un shoot de bonnes vibes !

- ❑ **L'écriture :** que ce soit pour libérer votre créativité ou chasser les mauvaises pensées qui plombent votre joie de vivre, écrivez chaque matin dans un carnet pendant 5 minutes, sans vous arrêter, tout ce qui vous passe par la tête : vous verrez, ça fait un bien fou !
- ❑ **Le haïku** : on l'a vu, ce petit poème vous reconnecte au moment présent et à la nature, il permet de faire un pas de côté, booste la créativité et la capacité à l'émerveillement (voir p. 27).
- ❑ **Les affirmations :** chaque matin, pour aborder la journée de bonne humeur, tentez les affirmations positives, comme : « Je trouve de la joie dans les plaisirs simples de la vie. »
- ❑ **La méditation :** trouvez la pratique qui vous convient le mieux et, pour débuter, n'hésitez pas à vous laisser guider par des applis dédiées : votre smartphone peut aussi servir à vous reconnecter !
- ❑ ....
- ❑ ....
- ❑ ....

Mes objectifs quotidiens

Ici, décortiquez en mode kaizen (pas à pas) les petites actions concrètes à faire chaque jour pour atteindre vos objectifs de vie en restant connectée à votre ikigai.

- ❑ ....
- ❑ ....
- ❑ ....
- ❑ ....

Mes rituels mensuels

Cochez les rituels mensuels que vous souhaitez adopter…

- ❑ **Prendre rendez-vous avec moi-même :** par exemple, en vous calant régulièrement un petit resto toute seule, en tête à tête avec vous-même. Pourquoi ? Pour sortir de votre zone de confort, vous confronter au regard des autres ou faire le point, tout simplement…
- ❑ **Staycation.** L'idée ? Visiter votre région comme si vous étiez une touriste en vacances, un week-end par mois, ou vous perdre dans votre ville en vous baladant sans but. Vous boostez ainsi votre imagination, votre créativité et votre capacité à vous émerveiller. Pourquoi ? Car vous ne prenez plus pour acquis votre environnement familier.
- ❑ **Shinrin yoku :** prenez un bain de forêt pour vous sentir plus zen et vous reconnecter à l'essentiel, la nature.

- ❑ **Un brunch avec mon moai** (voir p. 21) : partagez un bon moment avec votre petite communauté de copines et des personnes qui comptent pour vous.
- ❑ **Ofuro : inspirez-vous du rituel sacré du bain japonais** pour une détente absolue ! Le vrai se fait dans une baignoire en bois recouverte comme un caisson avec de l'eau chauffée à 42 °C et des pétales de roses. Mais vous pouvez adapter la température à votre guise et remplacer les pétales par des huiles essentielles. Le bénéfice ikigai ? Un temps pour se reconnecter avec soi-même, réfléchir et faire baisser le stress.
- ❑ ....
- ❑ ....
- ❑ ....

Mes objectifs mensuels

Ici, décortiquez en mode kaizen les petites actions concrètes à faire chaque mois pour atteindre vos objectifs de vie en restant connectée à votre ikigai.

- ❑ ....
- ❑ ....
- ❑ ....
- ❑ ....

Mes rituels annuels

Cochez les rituels annuels que vous souhaitez adopter…

- ❑ **Poser des intentions :** moins plombantes que les résolutions, elles sont la clé pour démarrer l'année du bon pied, en accord avec soi-même et avec son ikigai. On s'attarde moins sur ce qu'on doit faire mais sur la raison de le faire et qui on veut être.

  Exemple : on ne dit plus : « Cette année je me mets au régime » mais « Cette année, je décide de prendre soin de mon corps ». C'est beaucoup plus motivant, c'est mieux pour être en phase avec soi et être dans son ikigai !
- ❑ **Revoir ma bucket list :** hyper puissante, cette bucket list vous connecte à votre ikigai car elle représente ce qui vous anime,

tout ce que vous avez envie de vivre dans votre vie. Mettez-la à jour chaque année avec vos nouvelles envies.

❑ **Le mail du futur :** écrivez une lettre à votre futur vous et programmez son envoi par mail pour un an plus tard (des sites comme www.futureme.com le proposent). L'idée ? Notez tout ce que vous souhaitez faire, tenter, oser, vivre… bref, tous les rêves et les projets que vous souhaitez accomplir en lien avec votre ikigai pour l'année qui vient.

Exemple : « *Cher moi du futur, j'espère que tu vas bien et que tu as osé quitter ton boulot, que tu as pu prendre le temps cette année de voyager en Amazonie, de profiter de tes amies, de mieux gérer tes déchets et de tester le trapèze volant ! Sinon, penses-y pour l'année prochaine. C'est hyper important. Bisous.* »

❑ .... ❑ ....

❑ .... ❑ ....

Mes objectifs annuels

Ici, décortiquez en mode kaizen les petites actions concrètes à faire chaque année pour atteindre vos objectifs de vie en restant connectée à votre ikigai.

Exemple : un challenge par an pour m'améliorer (sur le modèle de Mark Zuckerberg, le créateur de Facebook, qui se fixe un objectif ambitieux chaque année à accomplir en dehors de son boulot, comme apprendre le mandarin, lire 25 livres dans l'année, etc.).

❑ .... ❑ ....

❑ .... ❑ ....

Ma to-give list

Votre to-give list (ou liste de choses à donner, à partager…) consiste à faire vivre concrètement la partie de votre ikigai qui se connecte aux besoins du monde. Chaque petite action solidaire, geste désintéressé, don, partage… contribue à renforcer votre ikigai en apportant plus de sens à votre vie.

Cochez les petits gestes et actions altruistes que vous souhaitez adopter

❑ Faire des compliments sincères à mes collègues de bureau.
❑ Faire un don à une association.
❑ Partager mes talents en donnant des cours.
❑ Aider mon entourage à trouver son ikigai.

- ❑ Donner de mon temps à une association ou à l'épicerie solidaire du coin.
- ❑ Tenter la méditation de bienveillance (une forme de méditation « mindfulness » qui incite à écouter son cœur et à développer sa bienveillance envers les autres).
- ❑ Partager des nouvelles, des commentaires et des ondes positives sur les réseaux sociaux.
- ❑ Soutenir, réconforter ou coacher une amie ou une collègue déprimée.

À vous de continuer cette liste en la personnalisant…

Que pouvez-vous donner, partager… ? Enclenchez au moins une action en lien avec cette idée de partage dès cette semaine.

- ❑ ....
- ❑ ....
- ❑ ....

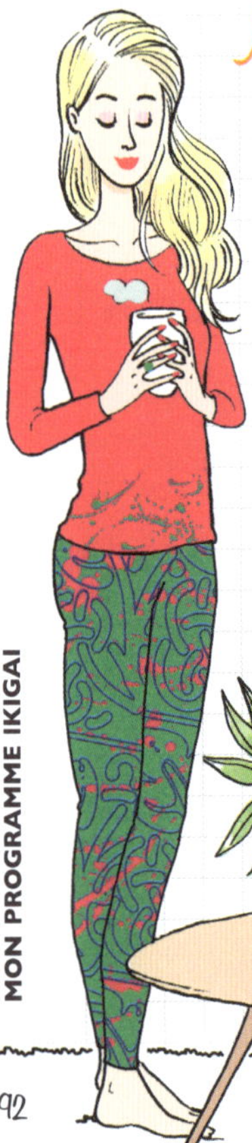

Ma to-be list

Votre ikigai ne reflète pas uniquement ce pour quoi vous êtes faites, il reflète plus globalement la personne que vous voulez être.

Pour être au clair avec vos valeurs, vos convictions et toujours vous les rappeler, complétez ces 3 phrases qui seront l'essence de votre petite philosophie de vie ikigai.

Pour vous aider dans cet exercice, repensez aux valeurs, qualités et talents que vous avez débusqués tout au long de ce cahier et que vous souhaitez cultiver, en accord avec la personne que vous voulez être.

- ❑ Je suis le genre de personne qui
....
- ❑ Je veux être le genre de personne qui
....
- ❑ Je ne veux plus être le genre de personne qui
....

Conclusion

Les 20 mots-clés de l'ikigai

Petit résumé de l'ikigai, sa philosophie et sa pratique, en 20 mots-clés. #ikigai !

- #Passion
- #Épanouissement
- #Motivation
- #Curiosité
- #Nature
- #Action
- #Communauté
- #Alignement
- #Partage
- #Don
- #Sens
- #Joie
- #Audace
- #Vitalité
- #Sérénité
- #Fierté
- #Accomplissement
- #Boussole
- #Introspection
- #Mission

« Croyez en votre ikigai et il se réalisera peut-être. Croyez en vous et il se réalisera sûrement. »
Cette phrase est librement inspirée d'une citation de Martin Luther King : « Croyez en vos rêves et ils se réaliseront peut-être. Croyez en vous et ils se réaliseront sûrement. »

Votre ikigai, c'est vous ! C'est ce qui fait le sel de votre personnalité, c'est pourquoi il est si personnel, si unique mais aussi parfois si… changeant. Eh oui, on n'a pas forcément le même ikigai à 22, 32, 42 ou 92 ans ! Il évolue avec nous et l'essentiel est de le faire vivre, de ne pas le laisser stagner. Si vous avez la chance d'avoir pu découvrir votre ikigai grâce à ce cahier, laissez-vous guider, inspirer par lui mais ne restez pas figée. Vous avez aussi le droit de prendre un nouveau chemin dès que vous sentez que d'autres passions commencent à vous faire pousser des ailes ou que vous avez déployé de nouveaux talents qui vous mènent vers de chouettes opportunités.

Votre ikigai est encore un peu flou ? En attendant d'y voir plus clair, faites de la recherche de cet ikigai votre mission au quotidien en multipliant les nouvelles expériences et les rencontres enrichissantes : la révélation n'est plus très loin. Et continuez votre travail d'introspection pour apprendre à vous écouter. Pourquoi ? Pour vous connecter à votre cœur et à votre intuition : les plus courts chemins vers l'ikigai. Et, surtout, ne mettez pas la barre trop haut : vivre en accord avec son ikigai, c'est juste aspirer à plus d'épanouissement et d'équilibre dans sa vie (ni plus ni moins). Et si ça n'a pas de sens maintenant ? Osez et ça prendra sens dans le futur : ayez confiance (en vous) !

Carnet d'adresses

Conférence et vidéos

La conférence TED très inspirante de Laurent Gounelle, « Devenir pleinement soi-même » : https://youtu.be/NZXJ7zh3PJM

Une vidéo éclairante et super bien faite sur la zone de confort, « Zone de confort, osez en sortir » par Gromic VisualComedy sur YouTube : https://youtu.be/f6uOABlKJeg

Une vidéo YouTube bouleversante et inspirante pour se motiver à dépasser ses peurs et à oser : https://www.youtube.com/watch?v=aC_a2jl30RA

Vidéo TED pour apprendre à combattre ses peurs et passer à l'action : https://www.ted.com/talks/tim_ferriss_why_you_should_define_your_fears_instead_of_your_goals/transcript#t-35683

Le concept de flow expliqué par celui qui l'a théorisé : https://www.ted.com/talks/mihaly_csikszentmihalyi_on_flow?language=fr#t-999830

Podcast

« Change ma vie », le podcast « qui donne des outils pour l'esprit », dont l'écoute a inspiré deux notions développées dans ce livre : les circonstances neutres et l'exercice des trois personnes fictives pour découvrir ses valeurs. www.changemavie.com

Bibliographie

- *La Puissance de la joie*, Frédéric Lenoir, Le Livre de Poche, 2017.
- *Choisir sa vie*, Tal Ben-Shahar, Pocket, 2017.
- *Cessez d'être gentils, soyez vrais*, Thomas d'Ansembourg, Éditions de l'Homme, 2014.
- *Connectez-vous à vous-même*, Chade-Meng Tan, Pocket, 2016.
- *Le bonheur d'être soi*, Moussa Nabati, Le Livre de Poche, 2008.
- *Wake up !*, Christine Lewicki, Pocket, 2017.
- *Osez réussir !*, Carole S. Dweck, Mardaga éditions, 2017.
- *Foutez-vous la paix, et commencez à vivre*, Fabrice Midal, Flammarion, 2017.
- *Grit. The Power of Passion and Perseverance*, Angela Duckworth, Vermilion, 2017.
- *Un petit pas peut changer votre vie : la voie du kaizen*, Robert Maurer, J'ai lu, 2007.
- *Wabi Sabi. Trouver le bonheur au-delà de l'imperfection*, Christopher A. Weidner, Le Courrier du Livre, 2007.
- *La Méthode ikigai*, Héctor Garcìa et Francesc Miralles, Solar, 2018.
- *Trouver son ikigai*, Christie Vanbremeersch, First, 2018.
- *Mon programme ikigai*, Caroline de Surany, Marabout, 2018.
- *Le Livre de l'ikigai*, Bettina Lemke, Hugo, 2018.

Remerciements

Je dédie ce livre à mon amie Marine P. qui a trouvé son ikigai et qui, par son écoute, sa gentillesse et sa finesse d'esprit, m'a aussi aidée à cheminer vers le mien. Tous mes remerciements également à mon éditrice Juliette Collonge pour sa patience, ses réflexions pertinentes et son enthousiasme. Et enfin, un grand merci aux éditions Solar pour cette opportunité et la confiance témoignée : quelle chance d'avoir pu écrire et partager sur un sujet aussi passionnant et enrichissant !

Mon cahier minceur
Mon cahier minceur
Mon cahier minceur
Mon cahier Ma grossesse et moi
Mon cahier Mon bébé et moi
Mon cahier Ventre plat
Spécial hommes
Mon cahier Ventre plat
Mon cahier La drague et moi
Mon cahier Le sexe et moi
Mon cahier 100% anti-âge
Mon cahier Détox
Mon cahier Yoga
Mon cahier Running
Mon cahier Abdos-fessiers
Mon cahier Veggie
Mon cahier Mon dressing idéal
Mon cahier Brûle-graisse
Mon cahier Pensée positive
Mon cahier Anti-stress
Mon cahier Forme et minceur après bébé
Mon cahier Régime paléo
Mon cahier Pilates
Mon cahier Beauté
Mon cahier Digital détox
Mon cahier Stop au sucre
Mon cahier Sans gluten
Mon cahier Fitness
Mon cahier Mincir avec la médecine chinoise
Mon cahier Yoga détox
Mon cahier Aquafitness
Mon cahier Beach body
Mon cahier Green détox
Mon cahier Body training
Mon cahier Régime tout cru
Mon cahier Méditation
Mon cahier Huiles essentielles
Mon cahier Boxe training
Mon cahier Mon chat & moi
Mon cahier Rangement feel good
Mon cahier Trail running
Mon cahier Yoga méditation
Mon cahier Soft fitness
Mon cahier Body minceur
Mon cahier Hair beauty
Mon cahier Jolie peau
Mon cahier Fitness food
Mon cahier Danse pilates
Mon cahier Hygge happy thérapie
Mon cahier Yoga sculpt
Mon cahier Tatouage
Mon cahier Yoga flow
Mon cahier Obstacle training
Mon cahier Super-organisée
Mon cahier Mon bullet agenda
Mon cahier Bullet agenda
Mon cahier Minceur healthy
Mon cahier Minceur zéro sucre
Mon cahier Stop smoking
Mon cahier Ayurveda
Mon cahier Vélo training
Mon cahier Défi voyage solo
Mon cahier HIIT
Mon cahier Cristal power
Mon cahier MacadamTraining
Mon cahier Objectif minceur en 12 semaines
Mon cahier Mes 100 modèles bullet agenda
Mon cahier Bain de forêt
Mon cahier Attitude body positive
Mon cahier Pilates intensif
Mon cahier Pilates booty
Mon cahier Rituel power
Mon cahier Lune
Mon cahier Massage
Mon cahier 2019 My life is beautiful
Mon cahier 2019 My life is healthy

LES BEAUTIFUL GIRLS,
C'EST TOUTE UNE COMMUNAUTÉ !
Retrouvez plein de bonus, de conseils feel good,
des recettes, des trainings,
et des actus tendance **MADE BY MON CAHIER !**

Un lieu rien que pour vous :
http://mylifeisbeautiful.fr/

Une communauté de filles stylées :
VOUS DÉCHIREZ
mylifeisbeautiful.fr mylifeisbeautiful.fr

Direction : Jean-Louis Hocq
Direction éditoriale : Suyapa Hammje
Directrice d'ouvrage : Juliette Collonge
Édition : Gwladys Greusard
Correction : Christine Cameau
Conception et mise en couleur de la couverture : Stéphanie Brepson
Mise en pages : Nord Compo
Fabrication : Kevin Magar

FSC www.fsc.org MIXTE Papier issu de sources responsables FSC® C003309

ISBN : 978-2-263-15681-6
Code éditeur : S15681
Dépôt légal : septembre 2018

Imprimé en France par ime by estimprim

HarmonieSolar
harmonie_solar

mylifeisbeautiful.fr
mylifeisbeautiful.fr

http://www.mylifeisbeautiful.fr/

Solar, un département d'**Édi8**